CONSIDÉRATIONS

SUR LES LACUNES

DE

L'ÉDUCATION SECONDAIRE

EN FRANCE.

IMPRIMÉ CHEZ PAUL RENOUARD,

RUE DE L'HIRONDELLE, N° 22.

CONSIDÉRATIONS

SUR LES LACUNES

DE

L'ÉDUCATION SECONDAIRE

EN FRANCE;

PAR A. CH. RENOUARD,

AVOCAT A LA COUR ROYALE DE PARIS; L'UN DES SECRÉTAIRES
DE LA SOCIÉTÉ D'ÉDUCATION ÉLÉMENTAIRE.

A PARIS,

CHEZ ANTOINE-AUGUSTIN RENOUARD,

RUE DE TOURNON, N° 6.

1824.

PRÉFACE.

L'ANCIENNE administration du Recueil périodique qui a paru sous le nom de *Tablettes universelles* a publié, en 1823, le programme suivant :

« Parmi les vices du système d'instruction publique actuellement en vigueur, comme de tous ceux qui l'ont précédé, il en est un dont les bons esprits sont particulièrement frappés ; c'est que ce système n'est point en rapport avec l'état et les besoins réels de notre nation. Emprunté, en grande partie du moins, à des temps bien loin de nous, il correspond à d'au-

a

tres nécessités, à d'autres mœurs, et semble destiné à une société qui n'est plus.

« C'est du xvie siècle que datent en Europe, sinon la fondation même des établissemens d'instruction publique, du moins l'esprit, les idées générales, le but dans lequel ils ont été conçus et dirigés. A cette époque et jusqu'aux temps modernes, ce qu'on demandait à ces établissemens, c'était des ecclésiastiques, des jurisconsultes, et des érudits ou des lettrés. Tels étaient alors les besoins généraux de la société ; elle n'exigeait pas, et peut-être même ne comportait pas autre chose. Les systèmes d'instruction publique furent en harmonie avec l'état social et l'esprit du temps.

« De nos jours, de nouveaux besoins se sont déclarés, une autre société s'est formée. Un clergé instruit, de savans jurisconsultes, la culture des lettres, ne nous sont pas moins nécessaires que jadis. Nous ne devons rien abandonner en ce genre; aucune de ces nobles études n'a perdu de son importance ni de sa valeur. Seulement il nous faut davantage; et, dans notre système d'instruction publique, nous avons, non des retranchemens à faire, mais des lacunes à remplir.

« Nous ne dirons rien aujourd'hui de l'instruction primaire. En dépit de l'esprit de parti, elle est bonne et désirable pour toutes les classes de citoyens; et, quoiqu'elle se propage de jour en jour, son organisation et la place qu'elle occupe dans le système général de l'instruction publique, sont loin de répondre aux besoins du pays.

« Mais entre les écoles primaires, où les

a.

plus obscurs citoyens doivent apprendre ce qui est nécessaire à tous, et les colléges consacrés aux études classiques proprement dites, il y a évidemment un intervalle immense. Dans la société, cet intervalle n'est point vide; il est occupé par une multitude de familles, que leurs intérêts, leurs travaux, leur situation sociale, n'appellent point à donner à leurs enfans une éducation littéraire, et qui cependant ont besoin de leur faire acquérir des connaissances et une instruction bien supérieures à celles que les écoles primaires peuvent fournir.

« C'est de cette nombreuse et utile classe de citoyens que notre système d'instruction publique ne tient aucun compte; ce sont là les besoins qu'il semble avoir complétement oubliés. Il condamne tous ceux qui ne veulent pas se contenter de savoir lire et écrire à passer cinq ou six ans dans les colléges, pour y apprendre ce dont ils n'ont que faire. Il ne leur offre, entre les maîtres d'écoles et les professeurs de latinité, aucun établissement intermédiaire, où ils puissent recevoir une éducation adaptée à leur condition, à leurs intérêts, et au temps qu'ils y peuvent consacrer.

« C'est sur cette immense et déplorable lacune que nous appelons spécialement l'attention des hommes éclairés. Il serait aisé de faire voir qu'elle ne blesse pas moins l'intérêt public qu'une multitude d'intérêts privés, et que la politique, aussi bien que la justice, conseille aux gouvernemens d'y porter un prompt remède. Mais nous abandonnons ces considérations aux esprits qui méditeront sur une question si grave. Animés du desir qu'elle soit mûrement examinée, nous nous sommes résolus à en faire le sujet d'un prix qui sera décerné le 1ᵉʳ mars 1824. Voici dans quels termes il nous a paru convenable d'en rédiger le programme :

« N'y a-t-il pas, dans notre système d'instruction publique, entre les écoles primaires et les colléges consacrés aux études classiques, une lacune qu'il serait utile de remplir par des établissemens d'une nature spéciale? Quels seraient les avantages de ces établissemens? Quelle organisation et quel plan d'études y devraient être adoptés?

« Il sera décerné au meilleur mémoire sur cette question un prix de quinze cents francs.

« Notre intention est de proposer successivement, sur des matières d'intérêt public, une série de questions et de prix de même nature. »

La question exposée dans ce programme avait déjà été pour moi l'objet de quelques réflexions : j'avais, notamment, lu en 1821 à *la Société des méthodes d'enseignement* [*]

---

[*] Il est à regretter que cette Société utile, fondée en 1819, ait été obligée de suspendre ses travaux. Quelques passages d'un rapport fait par moi à cette Société, dont j'avais l'honneur d'être secrétaire, et lu à sa séance générale du 5 mars 1822, pourront donner une idée des intentions qui avaient présidé à sa formation et du but qu'elle se proposait. Cette citation ne paraîtra pas hors de propos à la tête d'un ouvrage consacré à faire connaître les lacunes de notre éducation.

« La science de l'éducation, que l'on pourrait appeler sacrée, tant sont essentiels les devoirs dont elle règle l'accomplissement, est loin de se trouver, parmi nous, aussi avancée qu'elle devrait l'être. Sur ce point, comme sur beaucoup d'autres, une sorte de terreur générale et irré-

un mémoire, qui n'a point été publié, sur
une classification à introduire dans les
études, d'après la diversité des âges et

fléchie contre les doctrines et les théories retient, même
de bons esprits, dans les liens de la routine, et dans
les hasards d'une pratique expérimentale qui rencontre
quelquefois le bien, mais qui est impuissante pour prévoir
et pour prévenir le mal. L'instruction est en honneur, les
bons ouvrages élémentaires se multiplient, les établissemens de gymnastique se forment, d'excellens professeurs
remplissent les chaires de nos colléges ; les écoles spéciales,
les cours publics, assurent aux hautes études une hono-
rable prospérité ; mais nulle part en France les méthodes
et les théories d'éducation ne sont liées en système ; nulle
part elles n'y sont discutées, approfondies et professées ;
nulle part un centre commun n'y réunit les essais divers
qui se multiplient sur tous les points du monde civilisé
pour mettre les méthodes d'enseignement en harmonie
avec les sociétés modernes, et qui, s'ils restent isolés, se
perdent en tentatives infructueuses, ou, tout au moins,
d'un avantage très borné, au lieu de donner les heureux
résultats que devraient toujours obtenir les idées utiles.

des destinations sociales. Lorsque j'eus connaissance du programme publié par *les Tablettes universelles*, je revis mon

« Vous avez été frappés de ces importantes vérités ; vous avez reconnu qu'une tendance générale porte les sociétés vers l'amélioration de l'instruction publique et privée ; vous avez voulu aider tout-à-la-fois et régler ce mouvement généreux que plusieurs d'entre vous ont contribué à donner à l'esprit public, et que les autres se sont hâtés de suivre ; vous avez senti comment un examen scientifique et raisonné doit précéder l'application et l'encouragement des méthodes qui peuvent d'abord paraître le plus séduisantes ; vous avez compris, surtout, que les personnes chargées par la confiance du Monarque de pourvoir aux besoins de l'éducation publique, sont obligées de subordonner à la direction pratique l'examen des théories ; que l'initiative des innovations ne peut pas leur appartenir ; qu'on ne doit se présenter à elles qu'avec des preuves presque déjà faites ; que la sagesse, enfin, leur interdit de risquer par des expériences le bonheur de la génération qui s'élève, ou d'entraver par des essais la marche de l'éducation qui a besoin de cheminer toujours.

mémoire que je ne voulais d'abord que modifier ; mais qui, s'étendant sous ma plume, et se combinant avec les excel-

« Vous vous êtes donc réunis en Société, pour chercher les meilleures méthodes d'enseignement, pour en provoquer et encourager l'application.

« La plupart de vos fondateurs appartiennent à une Société qui ne doit recevoir ici aucun éloge, puisqu'un grand nombre d'entre vous en font partie. Je dirai seulement que *la Société pour l'instruction élémentaire* a su rendre à la France la méthode d'enseignement mutuel qui y avait pris naissance, mais qu'on y avait oubliée, et qui est revenue au milieu de nous, comme ces enfans, échappés du toit paternel lorsqu'ils étaient à peine formés encore, et qui y reparaissent, alors qu'on ne les attend plus, pleins de vigueur et couverts de gloire. La méthode d'enseignement mutuel, l'une des plus heureuses découvertes des siècles modernes, formera une grande époque dans l'histoire de la civilisation. Simple et facile, parce qu'elle est naturelle, économe de temps et d'argent, elle a, par-dessus tous les autres avantages, celui d'être éminemment morale et d'inspirer, sans apprêts comme sans

lentes données du programme, est devenu un ouvrage tout nouveau.

Le concours était fermé, lorsque *les Ta-*

efforts, les idées d'ordre, de subordination et de justice. La Société formée à Paris, pour l'encouragement de cette méthode bienfaisante, s'est trouvée à même de juger que de nombreux efforts avaient eu lieu de toutes parts pour améliorer l'éducation, soit par l'application de l'enseignement mutuel, soit par tout autre moyen. Elle n'a pas voulu se détourner de son but, qui est le perfectionnement et la propagation de l'éducation primaire; mais plusieurs de ses membres ont craint de laisser perdre sans fruit tant d'honorables tentatives, ils ont eu l'ambition de donner à la France une idée de ce que pourrait être une *académie d'éducation*; ils ont fondé votre Société.

« Qu'il nous soit permis de vous rappeler que la Société d'enseignement élémentaire, qui a donné naissance à la vôtre, était elle-même une colonie de l'utile *Société pour l'encouragement de l'industrie nationale*. C'est ainsi que les idées de bien public s'enchaînent et se fortifient par des alliances réciproques et par l'esprit d'association: l'instruction et l'industrie sont des sœurs inséparables. On aime à *blettes universelles*, ayant changé de propriétaire, ont en même temps changé de rédacteurs, pour cesser de paraître presque

les voir s'engager dans la même route pour atteindre leur but commun, le bien-être de l'espèce humaine et le développement libre de sa dignité. »

Le rapport était terminé par les réflexions suivantes :

« La tâche que vous avez entreprise est digne de tous vos efforts ; mais, quelque vaste qu'elle soit, elle n'a rien de décourageant. Vous pouvez faire beaucoup de bien ; mais, quand vous ne parviendriez qu'à en faire un peu, vous n'auriez perdu ni votre temps ni vos peines. L'amour de l'humanité n'est pas un sentiment ambitieux : *tout ou rien* n'est pas sa devise. Épargner à l'enfance quelques larmes, provoquer quelques bons livres, appeler quelques êtres de plus à la condition d'hommes religieux, moraux et pensans ; choisir des méthodes d'instruction plus sûres, plus faciles, plus rapides ; introduire de nouveaux sujets d'enseignement : voilà des conquêtes dont vous êtes déjà assurés et qui suffisent pour que vous vous applaudissiez de vous être réunis. Mais, pourquoi ne vous promettriez-vous aussitôt après. Le concours n'a cependant point été abandonné. Une commission composée de MM. le duc de Broglie, Gui-

pas de plus grands résultats, lorsque tant de modifications graves aux systèmes actuels d'éducation se préparent et se mûrissent ? Pourquoi votre Société ne concevrait-elle pas l'espérance de réunir dans un centre commun ce que l'amour de l'enfance et de la jeunesse, ce que l'étude de leur caractère et de leurs besoins pourront suggérer de travaux importans aux hommes les plus éclairés, et de se trouver ainsi portée naturellement à la tête de ce mouvement salutaire ? L'esprit d'association, qui centuple les forces individuelles, doit faire fructifier nos efforts ; qu'il s'empare de ces tentatives d'amélioration qui se manifestent de toutes parts dans l'éducation publique et privée ; qu'il les réunisse et les coordonne ; qu'il les multiplie et les dirige par une sage distribution d'encouragemens, de récompenses et de conseils. La science de l'éducation ne peut pas rester stationnaire, lorsque toutes les autres marchent à grands pas ; gardons-nous de la négliger, car c'est par elle que le bienfait des lumières doit se propager avec plus de facilité et de promptitude parmi zot, Jomard et Charles de Rémusat, s'est chargée de l'examen des mémoires ; et, sur la proposition de cette commission, la Société de la morale chrétienne, toujours empressée de justifier son titre en favorisant tout ce qui peut servir la cause de l'humanité, a décidé que le prix serait décerné dans son sein. Le rapport sur le concours a été fait, dans sa séance du 13 septembre 1824, par M. Guizot, au nom de la commission.

les générations qui suivent et suivront la nôtre. Le perfectionnement de la civilisation est le grand devoir social que Dieu a imposé à l'espèce humaine ; le perfectionnement de l'éducation est l'un des moyens les plus efficaces pour bien servir cette noble cause. »

On peut consulter, sur les travaux de la Société des méthodes d'enseignement, le *Journal d'éducation* et la *Revue encyclopédique.*

Six mémoires avaient été envoyés. Celui que l'on publie aujourd'hui, et qui avait pour épigraphe : *Nil desperandum*, a obtenu le prix. Deux mentions honorables ont été accordées, la première à un mémoire de M. Depping, homme de lettres connu par beaucoup de travaux recommandables, et couronné en 1822 par l'Académie des Inscriptions et Belles-Lettres : la seconde à M. Querret, ancien instituteur à Saint-Malo, dont le mémoire avait pour titre, *de l'Éducation industrielle*.

La censure pesait, à cette époque, sur la presse périodique. Plusieurs journaux voulurent annoncer les résultats du concours ; la censure crut pouvoir leur interdire cette annonce. Si nous avions le malheur que ce régime durât encore, j'aurais plus d'une réflexion à faire à l'occasion

d'une prohibition si étrange, sur une matière si inoffensive; mais puisque nous en-
trons dans une ère de franchise et de
liberté, j'aurai grand plaisir à me taire sur
un mal public dont nous nous trouvons
enfin délivrés; et, m'abstenant de toute
plainte, je redirai, au contraire, avec confiance les paroles que j'avais prises pour
épigraphe : *Nil desperandum.*

CONSIDÉRATIONS

SUR LES LACUNES

DE L'ÉDUCATION SECONDAIRE

EN FRANCE.

CHAPITRE PREMIER.

PRINCIPE DE L'UNIVERSALITÉ D'ÉDUCATION.

Les grandes vérités premières, sur lesquelles la direction de l'espèce humaine doit se régler, peuvent être ramenées à un assez petit nombre de principes fondamentaux, qui, malgré leur évidence, ne parviennent à être clairement aperçus, et à s'établir invinciblement dans les esprits, qu'après de longs essais et à la faveur du temps. L'un de ces principes est qu'il faut donner à tous de l'éducation.

Cette vérité, féconde en conséquences utiles et généreuses, s'appuie sur les enseignemens du christianisme et sur les impressions les plus irrécusables de la conscience, aussi bien que sur les calculs de la politique. Notre divine religion, en imposant à chacun le devoir de s'éclairer lui-même, donne à tous un droit égal pour accomplir ce devoir, commande à tous de s'entr'aider dans cette œuvre de salut. La politique, qui deviendra sage lorsqu'elle deviendra chrétienne, ordonne de favoriser l'éducation de tous les citoyens, parce qu'il n'existe aucun autre moyen de diriger chacun d'eux vers la destination la plus avantageuse à son bien-être individuel et à la prospérité générale ; et parce qu'on ne parviendra jamais autrement à la diminution progressive de cette masse ignorante, qui, de tout temps, s'est établie comme une plaie dévorante au cœur des nations; qui répand en tous lieux les désordres et les crimes; qui, tantôt se révolte contre la raison, tantôt se livre aveuglément à la merci des charlatans et des despotes : qui enfin ne se plaît mieux nulle part qu'au milieu de ces temps d'anarchie, où, enivrée par ses propres fureurs, elle s'irrite et devient plus féroce à la vue du sang qu'elle a versé. Tous les devoirs, tous les intérêts, toutes les autorités, se réunissent pour exhorter les hommes à répandre sur chacun de leurs semblables les bienfaits de l'éducation.

Si l'on prend *l'éducation* dans sa signification la plus étendue, on y voit l'entier développement de toutes les facultés physiques, intellectuelles et morales, et l'on reconnaît en elle l'œuvre nécessaire et inévitable de la nature et des événemens, aussi bien que l'ouvrage des hommes.

L'éducation de la nature s'étend sur l'universalité des êtres animés, et dispense entre eux ses enseignemens, sinon avec tous les signes apparens d'une égalité absolue, du moins suivant les combinaisons des lois éternelles, dont le secret nous échappe et que nous appelons le hasard. Cette éducation du hasard suffit, non pas à la dignité, mais à l'existence du genre humain. C'est sur elle que notre ignorance, notre paresse, notre ambition se reposent du soin d'élever la grande majorité de nos semblables ; et nous laissons imparfaite cette autre partie de l'éducation, qui seule presque en retient le nom dans l'usage ordinaire des langues, et qui est l'action volontaire des hommes sur les hommes, à l'effet de développer réciproquement leurs facultés.

C'est cette éducation des hommes par les hommes qui est un devoir de la morale, de la religion, de la politique. Par elle, la génération qui occupe la scène du monde paie à la génération qui s'élève sa dette envers celle qui l'a elle-même précédée ; par elle, la famille et la société veillent sur les enfans dès leur naissance, pourvoient à leurs besoins, protègent et fortifient leur corps, ornent leur esprit, hâtent et dirigent en eux le développement de cet instinct moral qui parle à toutes les consciences, enfin leur enseignent à se plier aux nécessités sociales, à en supporter les fardeaux, à en exploiter les avantages. L'enfant, à sa naissance, entre dans un monde déjà tout rempli, où toutes les habitudes sont prises, toutes les positions occupées. Il a besoin que l'éducation le guide au milieu des institutions humaines, et qu'elle le conduise à la place qu'il doit tenir. La connaissance des méthodes propres à la propagation la plus rapide et la plus sûre des meilleurs enseignemens constitue la science de l'éducation; et l'application de cette science aux besoins du plus grand nombre possible d'individus est l'un des résultats les plus nobles vers lesquels les hommes chargés du gouvernement des sociétés puissent diriger leur ambition et leurs efforts.

Ce serait un heureux pays que celui où l'universalité d'éducation ne laisserait la dignité humaine s'effacer dans aucun homme, et ne permettrait plus que tant d'infortunés pussent vivre et mourir sans s'être élevés au-dessus de la recherche des soins matériels, et sans avoir senti s'allumer en eux l'ambition des pensées célestes. Dans une telle société, tous les citoyens seraient mis en valeur, les sciences et l'industrie s'amélioreraient par des progrès rapides, les talens naturels ne s'enseveliraient pas dans des professions stériles, l'incrédule immoralité et la sotte superstition n'abrutiraient plus les classes inférieures ; certaines connaissances, même bornées, préviendraient souvent la misère, et l'adouciraient quelquefois. Au milieu des emplois les plus vulgaires, quelques délassemens intellectuels offriraient, contre les revers et les ennuis, des distractions plus efficaces et plus consolantes que la joie bruyante des tavernes, et les mortelles amorces du jeu et de la débauche. L'intérieur des familles procurerait plus habituellement des jouissances paisibles et douces ; les mères, après s'être fait un devoir de nourrir leurs enfans, comprendraient que leur tâche ne se borne pas là, et qu'elles leur doivent, par une obligation non moins sacrée, les secours de l'éducation première; elles s'instruiraient pour instruire leurs enfans; le père, pour diriger et pour former la mère; et cette source féconde de plaisirs purs, mais trop peu connus, donnerait, avec ce bonheur sérieux et calme qui est le seul vrai, la force et la pureté des mœurs domestiques.

L'imagination s'abandonne avec complaisance à la contemplation d'un spectacle si séduisant. Sans doute une si haute amélioration morale peut ne pas être réservée à l'humanité; mais le désespoir d'obtenir ce résultat ne serait pas un motif suffisant pour empêcher de le poursuivre avec une infatigable persévérance. L'artiste sait qu'il ne saisira pas le beau idéal, le chrétien, qu'il ne s'élèvera pas à la perfection chrétienne : et, tous deux, cependant, osent tendre vers le beau, vers le bien absolu, comme vers le seul but légitime qu'ils proposent à leurs efforts.

L'universalité de l'éducation offre aux sociétés la perspective d'un état de bonheur dont la recherche n'aurait pour elles rien de décourageant, quand même elles sauraient à l'avance qu'il ne leur sera jamais donné d'y arriver tout-à-fait. Il y a sur cette route tant d'améliorations partielles à opérer, tant de fruits à recueillir, que l'on peut y marcher en toute confiance, avec la conviction de gagner toujours quelque chose même en n'avançant que de quelques pas. Quant à la thèse impie et désolante qui veut présenter comme utile l'ignorance d'une partie du genre humain, et laisser périr dans leur germe intellectuel et moral tant de citoyens pour la patrie, d'hommes pour l'humanité, de chrétiens pour la religion, j'avoue que le courage me manquerait pour la combattre. Cette prétention d'être hommes par privilége me paraît un de ces blasphêmes dont le raisonnement s'efforcerait en vain de démontrer l'injustice à ceux qui ne l'auront pas repoussé par le seul instinct du sentiment, et je m'écrie avec Massillon : * « Quelle affreuse providence, si toute la multitude des « hommes n'était placée sur la terre que pour « servir aux plaisirs d'un petit nombre d'heu- « reux qui l'habitent! »

* Petit Carême, 4ᵉ dimanche, édition de 1810, pag. 96.

CHAPITRE II.

INSUFFISANCE DES SYSTÈMES ACTUELS D'ÉDUCATION.

IL est impossible de se dissimuler que, dans l'état actuel des sociétés, l'universalité d'éducation ne se présente encore qu'à un bien grand éloignement. La partie la plus nombreuse de notre population est plongée dans une profonde ignorance; les villes même sont remplies d'individus des deux sexes qui ne savent ni lire ni écrire; la majorité des habitans de la campagne est étrangère à toute culture intellectuelle.

L'absence totale d'instruction, même élémentaire, dans une grande masse de la population, n'est pas l'unique symptôme qui accuse l'insuffisance de notre éducation. Il suffit de jeter les yeux sur nos établissemens d'instruction secondaire pour se convaincre qu'ils ne sont destinés qu'à une fraction assez faible de citoyens, et que notre société n'avait pas été prête encore, par ses institutions, à recevoir, ni même à espérer l'éducation universelle. Notre second degré d'instruction se trouve nécessairement interdit à la classe laborieuse dont la plus grande partie de la population se compose. Il n'existe pas de prohibition formelle qui ferme pour elle l'entrée des écoles; mais l'incompatibilité des objets d'enseignement avec les besoins de cette classe, lui ôtent jusqu'à la pensée d'en approcher. Que peut apprendre dans nos colléges, exclusivement consacrés aux études classiques, celui qui voudra conduire la charrue, manier le rabot, porter le mousquet? De quoi sert d'exercer sur les difficultés grammaticales, et d'initier dans les langues anciennes et dans la littérature, la multitude des enfans destinés à vivre du travail

de leurs mains? Faut-il qu'un laboureur lise les
Géorgiques, qu'un berger comprenne Théo-
crite, qu'un matelot suive Ulysse sur les mers?

Voilà cependant la seule instruction secondaire que les parens puissent procurer à leurs
enfans, s'ils veulent les faire participer aux
avantages de l'éducation publique. Elle a toute
entière été organisée comme devant servir d'apprentissage aux professions lettrées. Pour quiconque ne devra pas les embrasser, soit qu'il ne
s'y trouve pas destiné par sa position sociale,
soit que par sa nature il ne soit pas capable
de s'y adonner avec fruit, l'éducation secondaire n'existe que dans quelques établissemens
isolés qui ne se trouvent rattachés en rien au
système général de l'éducation.

Cette lacune de nos institutions est-elle un
bien ou un mal? Doit-elle être remplie? peut-
elle l'être? Ces questions, agitées quelquefois,
sont restées l'un des problèmes d'éducation
les plus difficiles et les plus mal résolus, non-
seulement dans la pratique, mais même dans
la théorie.

Les uns, pour rendre l'éducation secondaire plus accessible à la multitude, ont conseillé l'affaiblissement et presque la suppression de quelques-unes de ses parties les plus élevées : il fallait, à les en croire, remplacer le latin par l'agriculture, la versification par l'arpentage. Ce système ne pouvait obtenir aucun crédit. La société a besoin qu'un grand nombre de ses membres reçoive une instruction littéraire long-temps approfondie. Sans la prospérité des études classiques, un pays ne se soutiendrait pas au sommet de la civilisation. C'est aux hommes de lettres et aux savans que se trouvent confiées la tradition des études passées et la préparation des progrès à venir. C'est pour le bien de tous, même du pâtre le plus ignorant, que les professions lettrées ont besoin d'être remplies par des hommes qu'une instruction non interrompue aura formés dès l'enfance. Il n'y a rien à retrancher dans les objets de nos études classiques, et les améliorations nombreuses qu'elles réclament, loin d'exiger que la plus faible partie en soit abandonnée, portent au contraire sur la nécessité d'agrandir la sphère trop rétrécie de l'enseignement, et d'abréger les lenteurs inutiles de la plupart des anciennes méthodes.

D'autres, au lieu de vouloir rabaisser l'éducation secondaire à la portée de la multitude, paraissent croire qu'on peut élever la multitude au niveau de l'instruction classique; et ils pensent que tout serait gagné si le nombre des étudians pouvait s'accroître dans nos colléges, suivant une progression rapide. Cette manière d'apprécier les progrès de l'instruction et des lumières est insuffisante et trompeuse. La quantité d'individus auxquels peut convenir l'éducation de nos colléges n'est pas indéfinie, et il n'entre pas dans les besoins de la société de faire consumer à un grand nombre d'enfans l'exercice de leurs facultés dans des travaux d'esprit autres que ceux qui plus tard pourront leur devenir utiles. Destinée seulement à servir de préparation à d'autres études, l'instruction classique n'est qu'une dissipation vaine des plus belles années de l'enfance, pour ceux qui, ne pouvant la continuer plus tard, sont obligés d'en laisser perdre tous les fruits. En éducation, cependant, comme ailleurs, il faut éviter les déperditions inutiles de forces et les dépenses sans profit. La perte de temps n'est pas même le danger le plus grave. C'est rendre à des jeunes gens un funeste service que de leur donner une éducation étrangère aux besoins et aux habitudes de leur état, et de les exposer ainsi à la continuelle tentation de quitter la destination sociale que la nature leur indiquait. Le monde n'est que trop plein de gens auxquels de mauvaises études de collége, abandonnées de bonne heure pour la recherche des besoins de la vie, n'ont procuré qu'une demi-science, trop imparfaite pour être utile et accompagnée de trop d'ambition pour les laisser se résigner à la profession qui a fait vivre leur père. C'est de la poussière des bancs de collége que sort cet essaim d'oisifs qui ne savent ni combiner fortement leurs idées, ni travailler de leurs mains. Leur af-fluence embarrasse la chose publique par le besoin des emplois ; ce sont les frèlons qui dévorent le miel de la société.

Que faire cependant d'une nombreuse jeunesse intelligente et active, à laquelle les études classiques des colléges ne conviennent pas ? Faut-il abandonner son instruction aux hasards des événemens et la laisser dans l'ignorance, parce qu'elle n'a ni latin ni grec à apprendre ? L'usage et un préjugé presque universel ont jusqu'ici décidé qu'il le faut. Les meilleurs esprits se sont habitués à croire que l'éducation secondaire doit se faire seule, quand elle n'est pas de nature a être donnée dans nos écoles, telles qu'elles sont organisées aujourd'hui. On croit avoir assez fait pour le bien - être de l'humanité, lorsqu'on a ouvert des écoles primaires, et lorsque, par la distribution de quelques bourses utiles à des individus, mais étrangères à toute la masse de la population, on a encouragé les espérances de quelques jeunes talens, en leur ouvrant la carrière des études classiques. Sans doute l'instruction primaire, même seule et bornée aux

premiers élémens, est déjà un immense bienfait pour celui qui sans elle serait demeuré
dans une complète ignorance ; sans doute la
lecture et l'écriture suffisent pour l'arracher
à la barbarie, et pour provoquer le développement de ses facultés, sans le détourner de
sa destination sociale : mais cette première
instruction, combien elle serait plus utile, si
elle était continuée ! N'y a-t-il pas une espèce
de barbarie à laisser sans culture, après l'instruction première, tant d'êtres intelligens auxquels on aura fait pressentir le développement
possible de leurs facultés, et inspiré le goût
de l'étude ? Le système qui veut borner à ce
premier degré l'instruction du peuple, tout en
devant être préféré mille fois à l'ignorance,
n'arrive cependant qu'à un résultat incomplet,
et, s'arrêtant en chemin, ne sert la civilisation
qu'à demi. L'absence d'une éducation secondaire, appropriée aux besoins des classes laborieuses, présente un inconvénient fort grave
qui n'a pas été assez remarqué : c'est d'enlever
à ces classes tout ce qui s'y rencontre d'esprits

distingués, capables de les élever, de les ennoblir en quelque sorte tout entières. Quiconque sent en lui-même le besoin d'une éducation secondaire, ou appartient à des parens qui en comprennent la nécessité, se trouve entraîné insensiblement vers les professions lettrées, les seules auxquelles notre éducation s'adresse; et se voit, souvent malgré lui, poussé loin de la destination première que lui assignait sa position naturelle, et où se rencontrait peut-être sa place la plus utile. Les bourses accordées aux dispositions précoces, ou aux services rendus par les familles, entretiennent cet inconvénient, et présentent une sorte de prime au mérite, pour le faire sortir des classes inférieures, qu'il importerait si hautement au contraire de ne pas dégarnir de lumières et appauvrir de talens.

On ne doit pas conclure de ces réflexions que nous songions à retenir par force les individus dans la place où ils sont nés, ni à envier à l'ancienne Égypte son hérédité des professions. Que l'homme le plus pauvre sorte des derniers rangs pour s'élever aux plus hautes études, et nous nous hâterons d'applaudir avec toutes les âmes généreuses aux succès de son génie. Loin de nous la coupable pensée de violer les droits naturels les plus saints en interdisant à qui que ce soit l'accès d'une science quelle qu'elle puisse être! Nous sommes animés par la conviction profonde que l'éducation doit être entièrement libre, et c'est notre respect pour cette liberté qui nous fait gémir des atteintes perpétuelles que les combinaisons fausses de nos institutions lui portent, en contraignant sous peine d'ignorance celui qui veut s'instruire, à sortir de son état, dans lequel il lui convenait peut-être de rester. Il faut qu'on puisse aspirer à se rendre un artisan instruit, sans devenir un artisan latiniste. Il faut permettre à un père d'être tout-à-la fois ambitieux pour l'intelligence et pour le cœur de ses fils, et modeste pour le choix de leur profession. Tant qu'il restera interdit aux habitudes sociales de prendre cette direction sage, comment se flattera-t-on de voir les lumières se

répandre avec efficacité dans la partie de la
nation qui en est aujourd'hui dépourvue ?
Plusieurs publicistes attribuent en grande partie les maux de l'Irlande au mouvement qui,
attirant vers l'Angleterre, et surtout vers la
capitale, l'élite des grands propriétaires et de
la population éclairée, ne permet pas au peuple de trouver au milieu de lui ses appuis et
ses guides. Ne semblerait-il pas qu'il en est
ainsi de notre classe ouvrière, au milieu de
laquelle les bons exemples portent peu de
fruits, parce que le principal mérite de
ceux qui la composent consiste à savoir en
sortir ?

Pourquoi ne pas essayer d'un système tout
contraire, et ne pas permettre que l'ambition
et l'amour de la science trouvent dans les habitudes de toutes les professions leurs satis-
factions légitimes ? S'il est juste que chacun
puisse sortir de son état sans obstacles, il n'est
pas moins nécessaire que chacun aussi puisse
y rester sans honte. Il n'y aura de vraie liberté
dans l'éducation que lorsqu'un tel choix

sera possible ; et il n'y aura d'ordre et de justice que lorsqu'il y aura liberté. Jusque-là, il ne faudra pas s'étonner si le dogme de l'éducation universelle est rejeté parmi les chimères.

CHAPITRE III.

DES CAUSES QUI SE SONT OPPOSÉES JUSQU'ICI A L'ÉTABLISSEMENT D'UN SYSTÈME COMPLET D'ÉDUCATION.

Il faut chercher à corriger les imperfections de nos systèmes d'éducation ; mais il ne faut ni s'étonner ni se décourager à la vue des lacunes qui y apparaissent, car l'état des sociétés n'a pas encore permis qu'il en fût autrement. On parle souvent de nos progrès dans la civilisation , et la vanité publique se plaît à redire que nous vivons dans le siècle des lumières. Ne nous laissons pas faire illusion par ces flatteries adressées au genre humain , et gardons-nous de nous croire déjà sages, de peur de tarder encore plus à nous approcher de la

sagesse , et à sortir de l'état de barbarie dont
les nombreux vestiges nous environnent de
toutes parts. La civilisation est bien jeune encore ; les sociétés modernes, que l'on repré-
sente quelquefois comme vieillissantes et tou-
chant à la décrépitude , commencent à peine
à entrevoir les idées qui feront leur vie et leur
force. Quatre siècles ne se sont pas accomplis
depuis que l'imprimerie a centuplé les forces
du genre humain ; hier encore on ne connais-
sait pas la vaccine; la propagation de l'enseignement primaire ne commence que d'aujour-
d'hui. Le christianisme, en proclamant le grand
principe de l'égalité des hommes devant Dieu,
a montré aux sociétés le but vers lequel elles
doivent tendre. Mais les ténèbres du moyen
âge ont lutté contre l'action d'une religion
bienfaisante, et lui ont opposé les nombreux
désordres nés de l'alliance, à peine aujourd'hui
expirante , qui a été contractée entre l'ignorance et la force. Le genre humain, cependant,
a marché malgré tant d'obstacles. Les mœurs
se sont adoucies, les lois ont cessé d'être avides

de sang ; l'esclavage, qui occupait toute la
surface de la terre, s'est réfugié sur quelques
plages inhospitalières d'où il achève d'être
banni. Tous ces progrès du passé sont des
gages de ceux que promet l'avenir ; et les
améliorations de l'éducation se placent au premier rang de celles qu'on est en droit d'en
attendre.

C'est par les lumières d'un assez petit nombre d'hommes que le genre humain s'est
trouvé jusqu'à présent éclairé. La direction
des sociétés a naturellement appartenu à ce
petit nombre ; car, entre des intelligences exer-
cées et d'autres qui ne le sont pas, le com-
mandement se trouve toujours dévolu aux
premières. Les hommes éclairés comptent
seuls pour quelque chose dans la vie réelle et
active du genre humain ; seuls ils exercent
une influence véritable sur l'existence et la
conduite des sociétés. Quant aux individus
dont les masses ignorantes se composent, ils
ressemblent à ces zéros qui n'ont par eux-
mêmes aucune valeur, et qui ne servent

qu'à faire valoir les chiffres significatifs. Les
hommes éclairés, seuls aptes à occuper certaines positions, à remplir certaines professions, à gérer les affaires du monde, ont été
naturellement habitués à ne voir qu'eux -
mêmes d'importans dans la société ; c'est pour
se fortifier et s'étendre, pour se former des
successeurs, que les études leur ont surtout
paru nécessaires, et toute l'éducation s'est trouvée poussée vers la préparation et l'enseignement des professions qui seules se sont saisies
du gouvernement des affaires publiques et pri-
vées, et qui seules aussi ont senti et connu le
besoin de s'instruire pour se perpétuer.

C'est ainsi que d'abord il n'a fallu d'instruction parmi nous que pour recruter le clergé,
seul alors en possession de la direction sociale.
Les lumières se sont étendues ensuite aux jurisconsultes et à la magistrature. Les littérateurs sont venus plus tard ; c'est par l'influence
et l'attrait de leurs ouvrages que les lumières
se sont répandues et que le charme des plaisirs intellectuels a commencé à être senti et

recherché pour lui-même. Les progrès de l'éducation ont été les mêmes que ceux des lettres et des sciences qui, servant de lien à une espèce d'aristocratie intellectuelle, sont restées long-temps concentrées parmi le petit nombre d'individus qui seuls en éprouvaient le besoin.

L'enseignement de nos collèges se ressent encore de la première direction qu'il a dû prendre. Les vestiges nombreux de l'ancienne domination des Romains, l'emploi de leur langue dans les transactions sociales, dans les prières publiques, dans les discussions des théologiens et les dissertations des érudits, l'influence universelle du droit romain, ont exigé longtemps, pour l'étude de la langue latine, la place principale qu'elle a occupée dans l'éducation. Lorsque l'empire des ecclésiastiques et des jurisconsultes s'est partagé avec les littérateurs, la haute prééminence laissée à l'étude de la langue latine devait se conserver encore quelque temps. Comment pouvait-on prévoir que la langue des Cicéron et des Virgile commençait à perdre son empire, au moment où les esprits s'ouvraient à la contemplation des modèles , aux plaisirs du goût , au culte des muses? Il fallait qu'il s'opérât plus d'un progrès dans les idées, avant que la langue nationale se fît place et obtînt les premiers honneurs.

Si les formes anciennes de l'éducation se sont conformées à l'état ancien des sociétés, aujourd'hui que les sociétés changent de face, que les individus acquièrent et sentent leur prix , qu'ils sont égaux devant la loi , admissibles à toutes les fonctions, il faut que l'éducation s'accommode à ces grands changemens. Ses besoins se sont accrus en proportion de l'augmentation rapide du nombre d'individus qui désormais comptent pour quelque chose dans l'existence du genre humain. Quiconque s'élève au-dessus d'une condition presque uniquement animale, et sent qu'il existe pour l'homme, après avoir satisfait ses appétits physiques, un besoin d'obéir à certaines nécessités intellectuelles et morales , veut pour lui et pour sa famille l'aliment de l'instruction. Le droit que tous les hommes ont d'être hommes, et par conséquent de s'instruire, est désormais bien compris, quoique tous ne le mettent pas en exercice.

Il est une autre vérité que l'on ne comprend pas aussi bien, et dont le mépris est un des obstacles qui nuisent le plus à l'établissement d'un système complet d'éducation ; cette vérité est que les citoyens d'un état, s'ils ont tous le droit de recevoir de l'éducation, ne doivent pas tous être élevés uniformément. L'opinion a besoin de s'éclairer à cet égard.

Lorsqu'on parle du droit que tous ont de recevoir l'éducation, la vanité du grand nombre écoute avec complaisance un axiôme qui la flatte ; mais au contraire elle s'irrite et se blesse, lorsqu'on parle de classemens à établir dans la distribution de l'éducation. Elle croit que l'égalité s'en offense, parce que l'égalité, sur ce point comme sur tant d'autres, est trop souvent mal comprise.

Une égalité belle et désirable est celle de tous les citoyens devant la loi ; noble imitation de l'égalité de tous les hommes devant Dieu. Quant à celle des positions sociales, elle n'a rien de vrai ni de possible. La première, éminemment conservatrice, repose sur le sentiment que chacun a de sa liberté, uni au respect que nous devons à la liberté de tous nos semblables; elle ne refuse à aucun homme le droit de s'élever aussi haut qu'il le pourra, mais elle enseigne qu'on ne se manque pas à soi-même en bornant son ambition, et que l'on a toujours au-dedans de soi les moyens et le droit de vivre heureux et libre. Sans se comparer à autrui, elle sait seulement que personne ne pourra l'empêcher de jouir d'elle-même ; et elle se trouve satisfaite, si elle peut, sous la protection des lois, obéir en paix aux impulsions de sa conscience, et recueillir pour elle et les siens le fruit de son travail. L'autre égalité, inquiète et anarchique, est armée d'un niveau destructeur. Les têtes élevées blessent ses regards; et, sans faire nul cas de sa propre liberté, elle cherche seulement si d'autres ne lui paraissent pas plus favorisés qu'elle. C'est l'amour de cette égalité jalouse qui ne permet pas de comprendre

plusieurs rangs dans l'éducation ; c'est le sentiment de l'égalité raisonnable et vraie qui sait
reconnaître que les destinations sociales sont
diverses, que les différentes professions doivent
toutes être remplies, que la préparation ne
peut pas être la même pour toutes, et qu'ainsi
l'éducation ne peut devenir universelle qu'à
condition de ne pas être uniforme.

CHAPITRE IV.

PROGRÈS DE L'ÉDUCATION SUPÉRIEURE, SECONDAIRE ET PRIMAIRE EN FRANCE.

Le passage des idées d'aristocratie dans l'éducation aux idées d'universalité, n'a pas été, et ne pouvait pas être, l'affaire de quelques jours. Il a fallu que l'instruction commençât déjà beaucoup à se répandre, pour que l'on s'aperçût enfin qu'elle convient à tous les hommes, et qu'elle ne se borne pas à être un apprentissage nécessaire à un petit nombre de professions, ou un ornement agréable destiné à la décoration de la société.

L'insuffisance des anciennes études a dû se manifester d'abord par le peu d'application

qu'elles ont trouvé aux positions réelles de la
vie. Lorsque Montesquieu n'a placé la véritable éducation des jeunes gens qu'à leur entrée dans le monde , lorsqu'il a prétendu que
cette éducation renversait en eux toutes les
idées qu'ils avaient reçues de leurs pères et
de leurs maîtres , il a été autorisé à ce paradoxe par les mœurs et les institutions de son
temps. En effet c'était seulement à son entrée
dans le monde, que le jeune homme recueillait les instructions capables de lui fournir les
matériaux qu'il devait ensuite employer dans
la vie.

Les hautes écoles spéciales ont obéi les premières à l'impulsion de perfectionnement donnée par la civilisation moderne : c'était là que
des objets d'étude, plus directement aperçus ,
définis plus nettement et plus promptement
applicables , devaient provoquer d'abord les
améliorations : c'était là aussi que la table
était rase , que la carrière ne se trouvait pas
obstruée par ces anciennes institutions, que ,
souvent, il faut ménager quoiqu'elles gênent.

Dans ces écoles, enfin, la hauteur de l'enseignement permettait d'appeler et d'employer sur-le-champ les hommes les plus distingués de l'époque et les plus honorables pour le pays.

C'est ainsi que s'est élevée l'École Polytechnique, l'un des plus beaux titres de gloire dont la France puisse se parer, et d'où sortent, pour les sciences, comme d'une pépinière féconde, tant de fructueuses richesses : c'est ainsi que s'étaient élevées les premières écoles normales, et que l'École Normale nouvelle, plus utile que les anciennes, avait atteint, pendant une existence de peu d'années, la prospérité la plus haute, et promis à l'éducation, à la philosophie, aux lettres, à l'histoire, aux sciences, de grands travaux et de rapides progrès. Cette école n'est plus; ni ses services passés, ni sa nécessité dans l'enseignement, ni les hautes espérances qu'elle donnait pour l'avenir, ne lui ont fait trouver grâce. Elle renaîtra tôt ou tard, quel que soit le système d'éducation publique qui doive prévaloir ; car les institutions nécessaires , quoique frappées accidentellement , ne peuvent pas périr pour toujours.

Les écoles spéciales, assez nombreuses parmi nous, et les cours supérieurs des facultés, sont déjà parvenus à un état brillant. Cette partie de l'éducation est celle de toutes qui est le plus facilement susceptible d'améliorations successives et de perfectionnemens partiels : c'est aussi celle qui pourrait le plus promptement se guérir des blessures que l'on aurait à souffrir par l'adoption d'un mauvais système général d'éducation publique.

L'instruction secondaire , donnée dans nos anciens colléges , avait ses vices : le temps y était mal ménagé ; les difficultés souvent factices et trop multipliées ; bien des inutilités enseignées publiquement , pour être ensuite oubliées ou désapprises ; la langue française , les sciences , les arts , sacrifiés aux langues anciennes. Malgré ces défauts , cette instruction avait ses avantages. Les habitudes en étaient fortement enracinées dans les esprits ;

l'on y acquérait les connaissances ordinaires à la plupart de ceux qui, dans le monde, reçoivent ou prennent le nom de gens instruits, et, si beaucoup de temps et de peines étaient perdus, beaucoup d'esprits étaient exercés et de vanités satisfaites. L'ancienne éducation secondaire a déjà reçu des améliorations importantes. Les méthodes élémentaires sont devenues plus faciles et plus simples ; la langue nationale s'est placée à son rang et a pris le pas, même sur le latin ; l'histoire est rentrée dans les chaires que la révolution lui avait ouvertes, et dont le régime impérial l'avait exilée ; les élémens de mathématiques et des sciences naturelles ne sont plus restés inconnus aux jeunes gens, quoique la combinaison de ces études avec les exercices littéraires ne soit pas, à beaucoup près, effectuée aussi complètement qu'elle pourrait l'être.

Ce sont là des progrès, et leur influence a produit des effets utiles. Notre éducation secondaire achèvera sa révolution par degrés, et n'aura pas besoin d'être détruite. Ce qui importe surtout, c'est de la compléter ; car son plus grand tort est de ne convenir qu'à une partie de ceux qui la reçoivent, et de rester totalement étrangère à la plus grande masse de la population. A côté des établissemens existans, efforçons-nous d'en élever d'autres, pour ne pas continuer à abandonner sans culture la portion la plus nombreuse des générations qui s'élèvent.

L'instruction primaire n'a été comprise qu'assez récemment. Parce qu'elle n'est qu'un acheminement à d'autres études, on ne l'a considérée long-temps que comme destinée à servir d'instrument pour l'initiation dans les études classiques des colléges. On n'a appris à lire que pour déchiffrer un rudiment, à écrire que pour griffonner un thème. Les curieux conservent précieusement, dans les bibliothèques, quelques feuillets épars, seuls vestiges des éditions nombreuses de ces antiques rudimens qui ont précédé les vers techniques et barbares de Despautère et qui sont restés si long-temps entre les mains des écoliers. On frémit à la vue de ces pages informes où les malheureux enfans étaient condamnés à chercher les premiers élémens de la lecture dans des blocs de mots latins, entassés sans aucun aide pour l'intelligence, ni aucun repos pour la vue. Ce n'était qu'après avoir dévoré long-temps de pareils dégoûts et traversé beaucoup d'autres ennuis, que l'on arrivait à quelque instruction.

Les études premières se sont dépouillées peu à peu de cette écorce rebutante et rude : elles ont acquis successivement plus de clarté, et en même temps on a fini par comprendre qu'elles peuvent convenir à d'autres qu'à des savans de profession. On a reconnu que, dans toutes les conditions de la vie, les hommes gagnent à savoir lire, écrire et compter, quand même ils ne sauraient rien autre chose ; on s'est demandé ce que peut être l'homme dépourvu de cette première instruction. La connaissance de lui-même et de son être moral lui échappe : sa vie s'écoule sans laisser de traces ni pour lui-même, ni pour les autres ;

et rien ne lui permet d'étendre sa pensée hors du moment présent, pour la rattacher au passé, ou pour la confier à l'avenir. Il n'est pas libre; car il dépend de tout ce qui l'entoure, sans pouvoir même reconnaître si les auxiliaires auxquels il a recours le trompent ou le servent. Il n'a pas la dignité de son être; car il est forcé, à chaque pas, de sentir l'infériorité à laquelle son impuissance le condamne. Il n'est pas citoyen ; car comment aimera-t-il les lois qu'il ne pourra lire ? comment accordera-t-il autre chose qu'une soumission aveugle à des actes qu'il ne comprendra pas ?

Ces vérités, et mille autres encore, ont frappé les bons esprits. On a voulu rendre à l'humanité tant d'êtres intelligens, laissés presque en-dehors d'elle, et leur donner comme de nouveaux organes qui leur manquaient ; on a voulu les faire entrer dans une participation complète de la vie commune, leur ouvrir des communications avec les hommes, leur permettre l'égalité avec leurs semblables. La comparaison des peuples éclairés et des pays ignorans, a démontré combien ces idées, si belles en morale, sont nécessaires en politique. Les greffes criminels ont révélé le secret de la plupart des crimes, et les ont montrés, presque tous, enfantés par l'ignorance, la misère et l'inaptitude au travail.

Ce besoin d'une éducation primaire universelle a été proclamé plusieurs fois, et la gratuité du premier degré d'instruction posée en principe. Mais, si les bons esprits n'hésitaient plus à approuver la théorie, les difficultés d'exécution faisaient révoquer en doute la possibilité de la pratique. Le peu de succès de quelques essais infructueux avait découragé la philanthropie, et détourné l'attention publique de cette pensée si humaine et si sociale, lorsque l'enseignement mutuel est venu en assurer l'espérance et en mettre hors de doute la possibilité. Grâces à cette méthode bienfaisante, la question financière de l'universalité d'enseignement primaire n'est plus insoluble. Économe de temps et d'argent, l'enseignement mutuel diminue le nom-

bre des maîtres, augmente celui des élèves,
fortifie l'instruction, en accélère les progrès.
Les attaques multipliées, dirigées contre une
méthode dont la découverte fera époque dans
l'histoire de la civilisation, ne s'expliquent que
par son efficacité même ; mais elle verra tom-
ber les objections accumulées contre elle par
l'aveuglement de l'esprit de parti ou par le
prosélytisme impie de l'ignorance. Éminemment morale, elle répandra, en même temps
que l'instruction, l'esprit de subordination,
de dignité et de justice. qui fait son plus beau
caractère : elle se perfectionnera comme tout
ce qui est humain ; et , après avoir beaucoup
fait , elle fera beaucoup plus encore. Elle
saura surtout affermir ses bienfaits, en les
étendant : des écoles d'adultes continueront
à s'élever ; les projets formés pour les écoles
de campagnes recevront leur désirable exécution ; les essais, si heureux, tentés dans l'armée et dans les prisons, seront suivis dans des
proportions grandes et larges ; enfin , à côté
de cette méthode , sa libre concurrence avec

toutes les autres entretiendra son esprit, favorisera ses progrès, servira puissamment la cause de l'humanité. Telles sont les espérances que l'on est en droit d'attendre de l'avenir. Pour obtenir tous ces biens, il ne faut que le vouloir ; car les matériaux en sont prêts. Des mains fidèles en gardent le dépôt qu'elles augmentent chaque jour; et, dès que la faculté sera donnée d'employer tant de richesses, l'instruction primaire, prenant tous ses développemens, et se liant à une libre organisation municipale, occupera, dans les institutions du pays, la place élevée qui lui appartient.

CHAPITRE V.

INFLUENCE DES PROGRÈS DE L'ÉDUCATION PRIMAIRE
SUR L'ÉDUCATION SECONDAIRE.

LA nécessité de compléter l'éducation secondaire se manifestera de jour en jour avec
plus d'évidence, à mesure que l'éducation primaire étendra plus loin ses progrès. Déjà
même, au point où nous sommes parvenus,
le besoin d'une continuation d'instruction,
autre que celle de nos colléges, se fait sentir
pour une grande partie de ceux qui ont appris à lire, écrire et compter. Soit que les
événemens accélèrent ou retardent la marche
de la civilisation dans notre pays, et, quand
même nous serions destinés à rétrograder de

quelques pas , le mouvement imprimé à l'instruction primaire restera toujours assez fort, pour qu'elle s'étende désormais sur beaucoup plus d'individus qu'il n'en faut pour l'enseignement classique , dont elle n'était autrefois que l'introduction et le vestibule. Les connaissances élémentaires de la lecture, de l'écriture et du calcul ne peuvent pas suffire à l'ardeur d'apprendre qui est un des attributs essentiels de l'esprit humain , et l'une de ses plus nobles prérogatives.

Plus le perfectionnement des méthodes ajoute à l'instruction de facilité , de promptitude et d'attraits , plus il rend sensible la nécessité de fournir aux esprits assez d'alimens pour satisfaire à leurs besoins.

Une des objections que l'on a le plus fréquemment reproduite contre l'enseignement mutuel , et que l'on tire de son efficacité même , consiste à demander ce que l'on fera des enfans qui apprennent si promptement à lire et à écrire.

Il a été fait à cette objection plusieurs ré-

ponses qui , si on les applique partiellement ,
sont victorieuses ; mais qui ne s'étendent pas
à l'universalité des enfans auxquels l'instruction primaire peut se trouver distribuée.

Ainsi, à l'égard de beaucoup d'artisans et surtout de beaucoup d'habitans des campagnes,
on a répondu avec justesse que les fréquentes
interruptions apportées aux études, à certaines
époques où les travaux manuels deviennent
plus pressans , exigent une méthode assez
prompte pour regagner le temps perdu, assez
active pour laisser dans la mémoire des traces
profondes, assez attrayante pour se représen-
ter d'elle-même à l'intelligence des enfans ,
même au-dehors de l'école.

C'est avec raison aussi que l'on a répondu
en faisant remarquer combien , dans les classes
laborieuses , les parens qui tirent un profit
pécuniaire du travail de leurs enfans montrent
de répugnance, pour leur laisser passer , dans
les écoles , un temps qui est perdu à leurs
yeux , parce qu'un modique profit actuel ne
peut pas en être perçu. Si la durée de l'ensei-

gnement se prolonge, ils retirent leurs enfans des écoles au milieu de leurs études. L'expérience la plus constante a démontré qu'avec la lenteur des anciennes méthodes, une grande partie des enfans abandonnent les écoles primaires, sans avoir pu achever d'apprendre à lire, écrire et compter.

On a dit, enfin, que si les enfans auxquels du temps est laissé pour l'étude se trouvent plutôt instruits dans les premiers élémens, on en profitera pour leur apprendre autre chose. Mais que leur apprendra-t-on? Je n'en suis point en peine pour tous ceux qui peuvent recevoir les enseignemens de nos colléges. J'ai déjà dit que les institutions manquent aux autres dans notre système actuel d'éducation : c'est sur cette lacune et sur les moyens de la remplir, qu'il faut porter enfin l'attention publique. Il serait déplorable de rester assez dépourvu des moyens d'enseignement secondaire, pour en être réduit à faire, dans certains cas, à l'enseignement primaire, un reproche de sa rapidité.

Il est beau pour l'enseignement mutuel
d'avoir contribué plus puissamment que toutes
les méthodes qui l'ont précédé, à faire res-
sortir les lacunes de notre éducation secondaire. On aura fait un pas immense pour l'amélioration de la race humaine, lorsqu'on aura
ouvert au peuple des écoles du second degré.
Si la possibilité de ce nouveau bienfait, si sa
nécessité se font enfin apercevoir, il en faudra rendre grâces à la grande propagation des
connaissances élémentaires et à la rapidité
des méthodes actuelles d'instruction.

Mais comment élevera-t-on des écoles secondaires pour le peuple? Un tel projet ne va-t-il
pas, tout d'abord, être relégué dans les uto-
pies, où il est si commode de renvoyer les
conceptions nouvelles pour se dispenser de
leur examen, et surtout pour s'épargner les
soins actifs de leur mise en œuvre? La fondation de ces écoles offre sans doute des difficultés assez graves; elle a besoin d'être entreprise par la conviction, soutenue par le
zèle, continuée par la persévérance; mais le

travail de la civilisation offre des résultats assez beaux pour valoir bien quelques efforts. La propagation de l'enseignement primaire a offert aussi des obstacles qui long-temps avaient paru insurmontables et qui se sont enfin abaissés. Pourquoi n'en serait-il pas de même de l'enseignement secondaire ? Non! la Providence n'a pas décrété que l'émancipation de l'espèce humaine ne s'achèverait pas, et que la plus grande partie des hommes serait déshéritée à jamais de toute instruction un peu élevée. Sachons mettre plus de confiance dans la bonté divine. Osons essayer d'agrandir et de compléter les systèmes d'éducation. Si nous abordons de près les objections qui paraissent le plus redoutables contre l'établissement des écoles populaires, peut-être les verrons-nous se diminuer et se réduire devant un sérieux examen, comme ces apparences fantastiques qui de loin frappent d'épouvante, et qui, vues de près, ne présentent plus que des objets naturels ramenés à de modiques proportions.

CHAPITRE VI.

OBJET DE L'ENSEIGNEMENT PRIMAIRE.

AVANT de rechercher l'organisation que peuvent recevoir les nouvelles écoles populaires, et d'indiquer les objets de leurs études, il convient de constater d'abord où finit l'enseignement primaire et où l'enseignement secondaire commence.

Le caractère essentiel de l'enseignement primaire est de renfermer les élémens communs à toutes les sciences, et à tous les développemens ultérieurs de l'esprit humain. Il est le premier degré qui conduit aux autres connaissances, quelles qu'elles puissent être, et par lequel chacun passe, vers quelque route qu'il se dirige. L'universalité de ses objets d'étude lui permet une complète uniformité.

Lorsque l'instruction avance et se développe, elle perd ses caractères de généralité ; l'esprit humain , dans son imperfection , ne pouvant tout embrasser à-la-fois, est obligé de spécialiser à mesure qu'il approfondit , et il ne revient aux vues générales que lorsqu'il atteint le sommet des sciences. Pour coordonner un système complet d'éducation , il faut déterminer quelles sont les connaissances générales vers l'acquisition desquelles tous les hommes sans exception peuvent et doivent s'avancer ensemble. Il faut reconnaître ensuite à quels points les bornes naturelles de leurs esprits exigent qu'ils se séparent pour entrer dans des routes différentes. La première partie de l'instruction , celle qui dans sa généralité doit s'étendre indistinctement à tous, constitue l'instruction primaire.

L'objet principal de tout enseignement , comme le seul but réel de la vie , c'est le salut de l'âme , ou en d'autres termes, c'est le développement moral de l'homme. C'est donc vers ce grand résultat que les efforts de l'éducation devront être constamment dirigés.

Au premier rang des objets d'étude qui facilitent le développement moral, multiplient les forces de l'intelligence et servent de guide et de flambeau pour tous les usages de la vie, il faut placer la lecture.

Après elle se présente, comme son aide et son complément, l'art admirable de l'écriture qui ajoute tant à notre existence.

Un troisième instrument d'étude étend sur toutes les conditions humaines ses immenses bienfaits. C'est le calcul, sorte de langue abrégée, que tous les hommes sont obligés de parler sans cesse dans les comptes qu'ils ont à se rendre à eux-mêmes, comme dans les rapports perpétuels que l'état social établit entre eux.

Tels sont les enseignemens nécessaires et primordiaux sur lesquels s'appuie l'instruction primaire, et qui la constituent essentiellement.

Le développement des forces physiques et le soin de la santé, la gymnastique et l'hygiène, forment également une partie importante de l'éducation primaire.

Le dessin et la musique , sans être des objets indispensables d'études, peuvent cependant offrir à toutes les classes de la société un égal agrément et une même utilité. Sans avoir les caractères de la nécessité, comme la lecture , l'écriture, le calcul et la gymnastique , ils ont ceux de l'universalité, et peuvent par conséquent entrer dans l'éducation primaire.

Le dessin linéaire a été l'objet d'un excellent ouvrage de M. Francœur. Utile à tous les hommes, cette étude prépare ceux qui doivent recevoir une éducation littéraire à la connaissance et au sentiment des beaux - arts ; elle rend aux classes industrielles et ouvrières un service signalé, en donnant la sûreté dans la main et la justesse dans le coup-d'œil, en apprenant à connaître l'aspect des corps et à apprécier leurs véritables dimensions.

La musique a été introduite avec succès dans les écoles élémentaires, grâces à la méthode de M. Wilhem , et à celles de plusieurs autres artistes. L'utilité de cet art est moins directe que celle du dessin, et peut cependant se faire sentir indistinctement dans toutes les professions. La musique prépare aux enfans des classes laborieuses, au milieu même de leurs travaux, la ressource d'un délassement sans danger et d'une distraction sans fatigue.

C'est à ces instructions, mises en usage dès-à-présent dans un grand nombre d'écoles, que l'éducation primaire peut se borner.

Les méthodes varieront entre elles ; mais il faudra qu'elles tendent uniformément vers un seul but, celui de procurer à tous les citoyens de tous les rangs, et quelle que soit leur fortune, ces premiers développemens des facultés et des sens, le plus promptement, le plus facilement, le plus économiquement qu'il sera possible.

La distribution de cette éducation appartient d'abord aux familles ainsi que toute l'éducation. Si le défaut de lumières, la misère, la difficulté des positions sociales ne permettent pas aux familles de remplir ce de-

4.

voir, c'est à l'État que le soin d'y satisfaire est imposé. Il doit tout mettre en œuvre, excepté la contrainte, pour fournir à tous, à ses frais, les moyens d'acquérir l'instruction première. Peu de devoirs sociaux sont aussi impérieux. La prospérité, la tranquillité, la dignité du pays sont intéressées à l'acquittement de cette charge publique envers tous les citoyens. Un bel exemple a été donné par les associations particulières de bienfaisance qui ont consacré leurs efforts à soulager l'État d'une partie de cette dette. La société formée à Paris pour la propagation de l'enseignement mutuel a bien mérité de la patrie et de l'humanité.

Les devoirs de l'État en matière d'éducation ne se bornent pas à l'encouragement de l'instruction primaire. C'est le plus grave de tous, mais ce n'est pas le seul. L'éducation secondaire réclame aussi son intérêt et ses soins, surtout dans la partie dont nous allons spécialement nous occuper, et qui est presque nulle aujourd'hui.

CHAPITRE VII.

EXAMEN DE QUELQUES ESSAIS D'EDUCATION SECONDAIRE POUR LE PEUPLE.

L'ÉDUCATION secondaire commence là où finit la possibilité d'étendre à tous une instruction uniforme. Après que les facultés physiques, intellectuelles et morales ont reçu leurs premiers développemens, il faut que les hommes se partagent entre les diverses carrières qu'ils auront à parcourir. Les uns devront être formés surtout à l'exercice des arts mécaniques, les autres aux travaux d'esprit et à la combinaison des idées. Ce sont les institutions destinées aux classes laborieuses qui manquent surtout à notre éducation secondaire.

Quelques tentatives partielles ont été faites

a cet égard. Il est bon de les indiquer : d'abord parce que les projets pour l'avenir gagnent toujours à se rattacher aux expériences du passé ; et ensuite parce que ces exemples démontreront que la nécessité de remplir les lacunes de notre éducation secondaire est maintenant bien sentie, quoiqu'elle ne soit encore ni assez nettement démêlée , ni exprimée sous des formules générales appropriées aux besoins de l'universalité des citoyens.

Au premier rang des institutions qui supposent l'acquisition préalable de l'instruction primaire , et qui, cependant, ne sont pas destinées à l'éducation nécessaire aux professions lettrées , il faut placer les écoles d'arts et métiers de Châlons et d'Angers.

Une ordonnance royale, du 26 février 1817, en maintenant l'existence de ces écoles , déclare qu'elles ont pour objet de former des chefs d'atelier et des ouvriers exercés dans la pratique éclairée des arts industriels ; que des ateliers de divers genres d'industrie doivent y être tenus en activité, et que l'on doit y en-

seigner le dessin et les élémens des connaissances théoriques applicables aux arts. Le
nombre des élèves à entretenir, en tout ou
partie , aux frais du trésor royal , est fixé
à cinq cents , dont trois cents à pension entièrement gratuite , et cent jouissant des trois
quarts de la pension gratuite ; pour l'autre
cinquième , la moitié de la pension est à la
charge des parens. Les places ne peuvent être
remplies que par des sujets âgés de treize ans
au moins , et de seize au plus.

Les résultats les plus heureux ont été
atteints dans ces écoles. Déjà, en 1819, celle de
Châlons avait obtenu , à l'exposition des produits de l'industrie nationale , une médaille
d'or qu'elle a de nouveau méritée en 1823.
D'aussi honorables succès devaient inspirer
l'idée d'élever de nouvelles écoles sur le mo-
dèle des premières. L'administration publique
a commis , l'année dernière , une faute bien
grave , lorsqu'elle a ordonné la translation de
cette florissante école de Châlons dans la ville
de Toulouse. Qu'une institution de cette na-

ture ait manqué dans le midi de la France, et que la nécessité en ait été sentie, certes c'est là une vérité bien facile à comprendre; mais que l'on ait détruit un établissement prospère, pour en construire un autre de ses débris : c'est une opération inexplicable. Un homme, qui a noblement rehaussé l'éclat d'un des plus grands noms de France, en rendant de nombreux services à la civilisation et à l'industrie, M. le duc de Larochefoucauld-Liancourt, après avoir été long-temps inspecteur-général des écoles d'arts et métiers, et avoir acquis le droit d'en parler avec tout le poids d'une autorité irrécusable, a démontré, jusqu'à l'évidence, qu'une pareille translation ne devra guères entraîner moins de dépenses que ne le ferait une fondation nouvelle. Au lieu de dissiper vainement les deniers publics par un déplacement aussi mal-entendu, que ne s'efforçait-on, dût-il en coûter davantage, de créer une nouvelle école qui pût accroître les richesses de l'éducation industrielle en France? Sans doute les encouragemens publics sont

utiles pour les études élevées ; mais ils sont
bien plus impérieusement nécessaires pour les
enseignemens destinés à civiliser les classes
laborieuses , généralement plongées, parmi
nous, dans une ignorance déplorable. Les secours donnés aux hautes études sont un luxe
bien entendu. Ceux que la culture des classes
ouvrières réclame sont un aliment de première nécessité. La règle que l'État doit suivre
pour la distribution des encouragemens qu'il
est tenu de donner à l'éducation publique,
est simple et facile , quoique totalement mé-
connue dans la pratique. Laissez faire libre-
ment ce qui toujours se fera, et se fera bien,
avec ou sans vous; protégez , facilitez ce qui
doit être fait , mais ne peut l'être qu'avec
votre aide ; abandonnez aux intérêts privés ,
aux ambitions individuelles , aux vanités sociales , au juste orgueil de la science, au besoin légitime d'emploi des fortunes , le soin
d'acquérir la haute instruction ; de jour en
jour plus visiblement nécessaire à quiconque
voudra être distingué parmi ses semblables

ou prendre une part quelconque au gouvernement des esprits. Les sujets ne manqueront
plus pour ces études ; et l'État peut s'en fier
à elles-mêmes du soin de leur prospérité : son
seul devoir est d'en assurer la libre distribution ; mais, quant aux études qui, sans lui,
n'existeraient pas, soit parce qu'elles ne conviennent qu'à très peu de personnes , soit
parce qu'elles s'adressent à la classe ignorante , qui , au milieu du besoin pressant
qu'elle en éprouve , les dédaigne, lorsqu'on
les lui présente, loin de chercher, par des sacri-
fices, à les obtenir ; voilà ce qui doit être encouragé ; voilà les études que l'État doit offrir
avec insistance , prodiguer avec une sorte de
profusion. L'on rend à la civilisation de plus
grands services , en semant , parmi les classes
laborieuses , de saines notions morales , de
hautes connaissances industrielles ou écono-
miques , qu'en payant chèrement , avec les
deniers publics , des professeurs de poésie et
d'éloquence , dont les travaux sont nobles et
utiles , mais qui peuvent en trouver la récom-

pense dans les besoins individuels d'éducation qu'éprouvent les citoyens et les familles.

Ce système n'est pas à beaucoup près en honneur. Déjà, en 1821, la commission du budget proposait à la Chambre des Députés, par l'organe de **M.** de Bourienne, son rapporteur, la suppression d'un article qui allouait cinquante mille francs d'encouragement pour l'instruction primaire. « Quand on compare, disait à ce sujet M. Lainé, dans la « séance du 11 juin 1821, la somme de plus « de deux millions dans un chapitre, de plus « de dix-sept cent mille francs dans un autre, « affectée aux colléges royaux, à la haute « éducation, à l'Institut, aux beaux-arts, il « est naturel de s'affliger d'entendre proposer « la suppression de la somme de cinquante « mille francs, destinée pour le soutien de « l'instruction primaire ». La suppression demandée a été, cette fois, rejetée. Puissent des propositions aussi humiliantes pour la dignité nationale n'être jamais renouvelées dans l'enceinte des Chambres françaises !

Puissent aussi des voix amies du bien faire revenir le ministère sur la fausse mesure dont l'examen nous a conduits à ces réflexions, et lui faire reconnaître, s'il en est temps encore, combien il serait utile d'appliquer, à la création d'une troisième école d'arts et métiers, les dépenses vaines et infructueuses d'une translation !

Les écoles d'économie rurale vétérinaire d'Alfort et de Lyon occupent une place importante dans nos institutions du second degré, et montrent quelle immense utilité on peut retirer de l'éducation secondaire non classique. Ces établissemens sont destinés à former des maréchaux et des médecins vétérinaires. Les élèves y sont reçus à l'âge de seize ans, et au-dessus, jusqu'à vingt-cinq. Ils doivent savoir lire, écrire et compter, posséder les élémens de la grammaire française et justifier d'un apprentissage de maréchallerie. La durée des études est de trois ans pour les maréchaux vétérinaires, et de cinq ans pour les élèves qui se destinent à être médecins. Des professeurs distingués y donnent des leçons , à l'appui desquelles la pratique vient éclairer la théorie.

L'école pratique des mines, établie à Saint-Étienne , offre de semblables avantages: elle est principalement consacrée à former des maîtres-mineurs , des conducteurs de travaux souterrains et de bons directeurs d'exploitation. L'instruction y est gratuite; les élèves ne peuvent y être admis avant l'âge de quinze ans accomplis, ni après l'âge de vingt-cinq ans , et ils doivent, pour obtenir leur admission , faire preuve de bonne conduite, de capacité et d'une instruction telle, au moins, que celle qui s'acquiert dans les écoles primaires. L'enseignement y a pour objet l'exploitation des mines , la connaissance des principales substances minérales et de leur gisement, ainsi que l'art de les essayer et de les traiter, les élémens de mathématiques, la levée des plans et le dessin. (*Ordonnance du 2 août* 1816.)

On peut, sous plusieurs rapports, classer, parmi les institutions d'éducation secondaire non classique, trois cours publics et gratuits, fondés par une ordonnance du 25 novembre 1819, près le Conservatoire des arts et métiers, à Paris. La mécanique et la chimie appliquées aux arts, et l'économie industrielle sont enseignées dans ces cours par des professeurs habiles, dont les leçons apprennent aux citoyens qui s'adonnent au commerce et à l'industrie, comment ils peuvent réclamer les secours de la science et concourir à ses progrès, pour hâter le perfectionnement de leurs travaux. Une école de géométrie descriptive et de dessin, qui se trouvait déjà fondée auprès du Conservatoire, a continué d'y être annexée.

Après ces grands établissemens publics, on pourrait en citer encore quelques autres, créés dans le même esprit, et, par exemple, les écoles gratuites de dessin, ouvertes, l'une en faveur des ouvriers de la ville de Paris qui se destinent aux professions mécaniques, l'autre aux jeunes filles de la même ville qui veulent se consacrer aux arts et aux professions de l'industrie.

Une mention toute particulière est due ici au souvenir de l'abbé Gaultier, qui a rendu de si grands services à l'éducation, et qui, après avoir été l'un des plus ardens propagateurs de l'enseignement mutuel, que ses méthodes avaient depuis long-temps pressenti, a compris aussi l'utilité d'un enseignement secondaire pour le peuple. L'auteur de ce mémoire, témoin de quelques-uns des travaux de cet homme de bien pour l'instruction gratuite de plusieurs enfans, laissera parler à ce sujet M. de Jussieu, auteur d'un exposé analytique de ses méthodes. « Ce fut au mois de no-
« vembre 1816, que l'abbé Gaultier conçut
« l'idée philanthropique de faire, dans sa mai-
« son, un cours de grammaire, de géométrie
« pratique, de géographie et de morale pour
« les moniteurs-généraux des écoles élémen-
« taires de Paris. Je ne me rappelle pas sans
« émotion la première séance de ce cours,
« qui eut lieu le 21 novembre 1817. Douze
« ou quinze enfans se trouvèrent réunis chez
« le respectable professeur, dont plusieurs

« amis avaient voulu assister au début de
« cette nouvelle bonne œuvre. Ces pauvres
« enfans, déjà pourvus des premiers élémens
« de l'instruction, paraissaient en avoir appris
« assez pour apprécier parfaitement la valeur
« du nouveau bienfait qui leur était offert.
« Leur physionomie exprimait une douce joie
« et une reconnaissance touchante. Nous re-
« marquions avec satisfaction qu'à travers les
« vêtemens plus que simples dont ils étaient
« couverts, on apercevait facilement, dans
« leurs mœurs et dans leur langage, le com-
« mencement d'éducation qu'ils avaient déjà
« reçu dans l'école élémentaire. Le cours com-
« mença, et, en peu de mois, les progrès fu-
« rent surprenans. Ils ont eu de nombreux té-
« moins, soit français, soit étrangers ; car,
« lorsque la chose fut connue, on voulut voir,
« et le modeste local de l'abbé Gaultier ne
« suffisait pas à recevoir les curieux. »

Si nous étendions nos regards sur les pays
étrangers, une partie des travaux de Pesta-
lozzi, les instituts agricole et industriel de

Fellemberg , à Hofwyl , l'école d'industrie de Lutschg, son imitateur et son élève, à Glaris, la colonie industrielle de Robert Owen à New-Lanark , plusieurs gymnases d'Allemagne et quelques autres établissemens dignes d'être cités à côté de ceux qu'ont élevés ces vénérables philanthropes , nous démontreraient , par de nouveaux exemples , la possibilité d'établir une éducation spécialement appropriée aux besoins que nos enseignemens classiques ne peuvent pas contenter.

Tant de beaux exemples ne doivent pas être perdus. En généralisant les idées qui ont présidé à la formation de ces établissemens , on peut combler les lacunes que nous avons déplorées dans notre éducation secondaire.

CHAPITRE VIII.

OBJETS A ENSEIGNER DANS LES ÉCOLES POPULAIRES DE SECOND DEGRÉ.

Les écoles populaires , n'ayant pas pour objet de faire des savans ni des gens de lettres, doivent être consacrées aux études dont l'utilité journalière pourra rendre plus douce la vie du laboureur et de l'artisan , les éclairer dans les travaux de leur état , et augmenter leur aisance. Nous allons esquisser un plan d'études conçu dans cet esprit, et destiné à des enfans sachant lire , écrire et compter, mais pouvant ne pas savoir autre chose.

§. I. *Langue nationale.*

L'étude de la grammaire et de la langue nationale n'aura pas besoin d'être approfondie dans les écoles populaires: il serait hors de propos de la pousser trop loin , et de chercher à résoudre tous les problèmes grammaticaux. Une seule chose est essentielle, c'est d'amener les enfans à comprendre et à être compris. Il faut savoir leur passer les fautes d'orthographe , mais jamais les sens faux , les obscurités. Le maître de langue devra entretenir les élèves dans l'habitude de l'écriture, et exiger qu'elle soit lisible, plutôt que belle et régulière: il s'attachera à ce qu'ils écrivent promptement sous la dictée , à ce qu'ils sachent saisir, par quelques notes ou par de rapides analyses, les traits principaux d'une lecture ou d'une improvisation. Les localités serviront de règle pour mesurer le plus ou moins d'importance qu'il est nécessaire d'attacher à la grammaire. Dans les pays où les patois altèrent le langage , une étude plus longue et plus sérieuse est nécessaire , et les plus grands efforts sont indispensables dans les contrées où domine l'emploi d'un idiome étranger. On doit amener les Basques et les Bas-Bretons à ne pas être

embarrassés pour lire les lois de leur patrie.
Il faut que l'Alsacien et le Corse, en conver-
sant avec un Allemand ou un Italien, ne se
sentent pas plus à l'aise que dans leurs rapports avec les nationaux, et ne se regardent
pas, du moins par le langage, comme les
compatriotes de l'étranger. L'instruction primaire aura dû, par les exercices de lecture et
d'écriture, faire déjà beaucoup pour obtenir
ce résultat, que l'instruction secondaire sera
chargée de compléter.

§. II. *Morale.*

Les grandes vérités de la morale doivent être
l'objet d'un enseignement positif. Sans doute il
existe au fond du cœur de tous les hommes
un sentiment intime de moralité qui suffit
pour les guider au milieu des actions de la
vie, et qui peut se développer seul, à défaut
des secours de l'éducation ; c'est la vraie lumière qui, suivant l'expression de l'évangé-
liste, éclaire tout homme à sa venue dans le

monde. Mais il est bon que les leçons de l'expérience et les préceptes de la sagesse em-
pêchent cette lumière intérieure de se trouver
obscurcie par les nuages des passions, et par
les préjugés ténébreux de l'ignorance. Si nous
n'avons pas habitué notre esprit à résoudre
les grandes questions de la morale, si des
règles fermes et sûres ne se sont pas enracinées à l'avance dans notre âme au milieu des
méditations calmes de la raison, quel secours
nous défendra contre les sophismes des passions, quel ancre nous retiendra lorsque leurs
tempêtes se seront soulevées ? L'étude de la
morale accoutume à se mieux surveiller soi-
même, et à mieux entendre les inspirations
de la conscience et les avertissemens qu'elle
donne. Les hommes de toutes conditions et
de tous rangs ont un égal besoin de cette
étude.

L'enseignement de la morale ne serait pas
complet, s'il était borné à la recherche des
principes de vertu gravés dans le cœur des
hommes, recherche qui constitue la morale

proprement dite. La voix du ciel et celle des sociétés s'accordent avec la voix intime des consciences, pour proclamer les grandes vérités de la morale, et doivent aussi être interrogées.

L'étude de la religion, ou de la morale telle que Dieu nous l'a révélée lui-même, doit occuper la place principale dans l'enseignement. Où trouver des leçons plus salutaires et plus pures que dans la méditation de l'Évangile, et dans les préceptes divins du christianisme, dont tout nous montre l'alliance indissoluble avec les sentimens que la nature imprime au fond de toutes les consciences?

La morale des sociétés, écrite et manifestée dans les lois, n'a pas les caractères de l'infaillibilité. Toutes les combinaisons que les rapports sociaux établissent entre les hommes pour l'avantage commun viennent y mêler leurs influences. Trop souvent le souffle des passions y ternit la pureté des doctrines; trop souvent l'intérêt personnel, ignorant que même les calculs d'utilité doivent se trouver d'accord tôt ou tard avec les sen-

timens de vertu, nuit, par ses vues courtes et
bornées et par ses subterfuges mesquins, aux
grandes conceptions qui doivent assurer la
marche de la civilisation et en assurer les
progrès. Mais, tout en faisant la part de l'erreur, à laquelle les lois sont sujettes, comme
tout ce qui tire son origine des hommes, il
importe cependant de bien apprendre à tous
que la conscience du genre humain, suivant
les lumières de chaque siècle, imprime à la
plupart des lois les plus hauts caractères de
moralité ; il importe que le respect les entoure,
et qu'on ne cesse pas de voir en elles la sauve-
garde des sociétés, et l'ouvrage de ceux d'entre
les hommes qui ont toujours été réputés les
plus sages. Quelques connaissances générales
sur la législation du pays et sur l'obéissance
qu'on lui doit sont un complément indispensable d'un cours de morale populaire. Que
dans les systèmes d'instruction classique l'enseignement des lois soit réservé pour la fin
des études, c'est là une marche naturelle et
sage, mais qui ne peut pas convenir à l'in-

struction dont nous essayons le plan. Les hommes à qui elle est destinée ne fréquenteront pas les écoles de droit, et cependant ils ne doivent pas rester étrangers à la constitution de leur pays et aux lois qui régissent les principaux rapports sociaux. Il ne faut faire des enfans du peuple ni des publicistes ni des jurisconsultes ; mais il faut qu'on ne leur parle pas une langue étrangère, lorsqu'on leur dit que tous les citoyens d'un état ont des devoirs à remplir et des droits à défendre, qu'ils doivent obéissance aux lois et à la Charte; respect au Roi et à la famille régnante, que la délibération des grands intérêts nationaux est déférée aux pairs et aux députés du royaume, que le courage et la moralité d'un peuple se jugent surtout par le choix qu'il fait des députés qu'il est chargé d'élire. Il faut qu'ils comprennent pourquoi on ne les opprime pas lorsqu'on leur demande des impôts, lorsqu'on les soumet au service militaire. Il faut qu'ils sachent pourquoi l'administration veille sur eux tous ; pourquoi les naissances, les mariages, les décès, doivent être inscrits sur des registres publics; qu'ils connaissent les premières conditions des contrats, les principes généraux de la transmission des biens; qu'ils n'ignorent pas suivant quelles règles des tribunaux existent pour juger les différends, pour punir les crimes. Il faut, s'ils doivent être appelés un jour aux fonctions de jurés, qu'ils ne compromettent pas par leur ignorance l'existence, l'honneur, la sécurité de la société, ni d'aucun de ses membres. Si l'on objectait que toutes ces notions s'acquerront par l'usage, et qu'un enseignement spécial en est inutile puisque tôt ou tard l'expérience y suppléera, on tomberait dans une erreur capitale. Le but de l'éducation est précisément de donner l'expérience anticipée de ce qui devra se présenter dans la vie; et ce serait un grand bien que de prévenir, par quelques idées justes et claires, l'abondance funeste des notions fausses qui, dans l'esprit de la plupart des citoyens dont se composent les classes inférieures, retardent et obscurcissent les connaissances les plus faciles et les plus usuelles.

Ainsi la morale proprement dite, la religion, la législation, seront les trois parties du cours de morale populaire. Il faudra se garder, comme d'un grand péril, des discussions trop ardues qui supposent d'autres connaissances, de l'étude minutieuse des détails qui nuit à la vue de l'ensemble, des controverses subtiles qui font naître le scepticisme et accoutument à douter de tout, même des vérités fondamentales. Les préceptes de la religion, les notions élémentaires de nos lois, devront être ramenés à quelques bases larges et solides, à quelques principes évidens et féconds. La morale proprement dite sera enseignée, tantôt par des réflexions, dont chacun pourra vérifier sur lui-même la justesse, tantôt par de bonnes lectures, tantôt par des questions posées sur le parti à prendre dans des cas difficiles, sur le jugement à porter de certaines actions. On demandera ce que le peuple athénien devait répondre à Aristide, lorsqu'il lui annonçait

une proposition de Thémistocle utile mais in-
juste; ou bien si le meurtre d'Agamemnon
excuse le parricide d'Oreste. Quelquefois on
lira une fable et l'on chargera l'auditeur d'en
deviner la moralité. Enfin on éveillera dans
les cœurs les grands principes de la morale ,
ou par des exemples, ou par des préceptes,
mais toujours en tâchant d'être bien compris.
On ne se contentera pas de leçons orales, et
et l'on habituera les élèves à expliquer leurs
idées par écrit. On n'exigera d'eux ni artifice
de style, ni purisme grammatical; car il n'en
doit pas être dans les écoles populaires comme
dans une classe de rhétorique ou de philosophie; mais on tiendra beaucoup à ce qu'ils s'ex-
priment clairement : un enseignement, quelque
élémentaire qu'il soit, ne peut devenir utile
que si l'élève l'a compris assez bien pour pouvoir s'en rendre compte à lui-même et le com-
muniquer aux autres.

§. III. *Géographie et Histoire.*

On ne se ferait pas une idée juste de l'éducation populaire, si l'on voulait y donner aux études historiques une place trop étendue. De même que nous n'avons demandé à la grammaire que l'art de comprendre et d'être compris, nous ne demanderons à l'histoire que les connaissances indispensables pour pouvoir faire utilement de bonnes lectures, pour être en état de prendre part, sans embarras, aux conversations, pour ne pas rester étrangers au cours journalier des événemens, et surtout pour en concevoir une idée juste. Le cours d'histoire sera très élémentaire. Il montrera que l'histoire du monde se partage en deux grandes époques, dont la séparation est marquée par l'établissement du christianisme. Il dira jusqu'où remonte la connaissance de l'ère ancienne, et combien d'années se sont écoulées depuis l'ère moderne. Il fera connaître le caractère distinctif de chaque siècle, les événemens principaux qui

ont signalé chacun d'eux ; le nom des peuples
qui tour-à-tour ont brillé sur la terre , celui
des hommes qui devront vivre à jamais dans
la mémoire du genre humain. L'histoire moderne et surtout l'histoire nationale , sans
donner matière à des développemens trop
étendus , seront cependant l'objet d'un examen qui deviendra plus attentif à mesure que
l'on approchera davantage des temps présens.

La géographie sera étudiée moins sommai-
rement. Les hommes de toute classe ont besoin de connaître le pays qu'ils habitent , et
sont , à chaque moment , exposés à se voir
appelés sur un autre point du globe , ou forcés de suivre , du moins par la pensée , les
objets les plus chers de leurs affections au
milieu des nations étrangères. Les spéculations
du commerce et de l'industrie , les échanges ,
les travaux , les émigrations , trop souvent
aussi pour le malheur de l'humanité les expé-
ditions militaires , transportent sans cesse les
hommes de contrées en contrées. La géographie a donc quelque chose d'usuel , approprié

aux besoins et aux habitudes de toutes les classes de citoyens, et qui peut être enseigné avec fruit dans toutes les écoles.

§. IV. *Élémens des Sciences naturelles et mécaniques.*

L'emploi des sciences naturelles se présente à tous les momens et au milieu de tous les usages de la vie. Il n'est pas d'homme qui n'éprouve sans cesse le besoin d'en connaître, au moins, les premiers élémens. Quelques notions générales de physique, de chimie, d'histoire naturelle, de physiologie, de botanique, quelques conseils d'agriculture, quelques préceptes d'hygiène, quelques explications sur le cours des astres, sur le mouvement de la terre, sur les principales lois de la mécanique, tous ces objets de connaissance sont d'une utilité journalière, et, si on les réduit à leur partie la plus usuelle et à leurs élémens les plus simples, on peut, malgré leur étendue, parvenir à les renfermer dans un seul cours. Il y a, sans contredit, dans la composition d'un tel cours, à-la-fois si élémentaire et si varié, une difficulté assez haute; mais il mérite, par son utilité, que des esprits élevés et justes consentent à en préparer les travaux, et à tracer une route qui, une fois ouverte, sera facile à parcourir. Ces notions vulgaires et d'une application quotidienne sont négligées à tort dans notre éducation, et l'on abandonne trop facilement à une expérience routinière le soin de les enseigner.

De pareilles leçons, en évitant de paraître scientifiques, se borneraient à l'explication des phénomènes naturels qui se passent sous nos yeux et qui nous entourent à tous les instans; elles pourraient rendre un grand service, même aux études classiques, auxquelles souvent elles manquent tout-à-fait.

§. V. *Arithmétique et élémens de géométrie.*

Les premières règles du calcul sont enseignées dans les écoles primaires. Les enfans de toute classe ne peuvent que gagner beaucoup à s'exercer sur ces règles et à continuer l'étude de l'arithmétique, afin de pouvoir abréger les calculs. A l'égard des élémens de géométrie, toutes les professions industrielles y trouveront de grands secours. L'abbé Gaultier a publié, sur la fin de sa vie, un petit traité fort court, ayant pour titre : *Notions de géométrie pratique nécessaires à l'exercice de la plupart des arts et métiers.* Ce titre seul indique le genre d'études géométriques vers lesquelles l'éducation populaire doit être dirigée. «Qu'on « se souvienne, dit l'auteur dans sa préface, « que notre traité élémentaire n'est destiné « qu'aux petits ouvriers , et a principalement « pour objet de leur rendre la main plus adroite « dans les diverses opérations mécaniques, et « de leur créer, pour ainsi dire, un compas « dans l'œil. Nous nous empressons d'autant « plus de développer en eux ces deux con- « naisssances précieuses, que, si, par malheur, « quelques-uns parmi eux ne pouvaient pas en « acquérir d'autres plus relevées, celles-ci leur

« suffiraient pour rendre , en grande partie ,
« plus exactes et plus faciles les opérations
« auxquelles ils sont destinés. » C'est dans
un pareil esprit que doivent être conçus les
cours des écoles dont nous réclamons l'établissement.

§. VI. *Dessin.*

Toutes les études se tiennent. Les instructions de la morale se mêlent à celles de la grammaire et de l'histoire. L'usage de la langue nationale se perfectionne par l'exercice de toutes les autres leçons. La géographie , dont l'histoire est inséparable, se lie par une multitude de rapports aux sciences naturelles. Le calcul éclaire les notions élémentaires des sciences ; la géométrie pratique, qui ne peut se passer du calcul, se mêle et se confond avec le dessin linéaire. Les premiers exercices du dessin ont pu être commencés dans les écoles primaires. Ils doivent encore trouver place dans les écoles du second degré , soit pour être commencés par ceux qui ne les connaîfront pas encore, soit pour être continués par ceux qui en auront quelque idée. Les applications du dessin linéaire peuvent être disposées de manière à servir aux autres études d'auxiliaires et d'éclaircissemens. La représentation des instrumens aratoires les plus utiles combattra l'influence de la routine, qui les repousse dans bien des campagnes, et favorisera l'introduction des perfectionnemens dont les avantages auront été constatés ; des formes élégantes et commodes offriront aux ouvriers de bons modèles pour la fabrication des meubles de l'usage le plus journalier, des ornemens d'architecture bien choisis habitueront les yeux à la simplicité et à la grâce ; quelques figures rendront plus faciles et plus promptes l'intelligence de la sphère et les premières notions de la géographie. C'est ainsi que l'étude du dessin sera doublement profitable, et par l'utilité de ses applications et par la sûreté qu'elle fera gagner à l'œil et à la main. Les élèves que leurs dispositions naturelles pousseront vers des progrès rapides devront trou-

ver des facilités pour se perfectionner dans
les arts du dessin ; car ces arts sont susceptibles de prêter de grands secours à l'industrie.

§. VII. *Gymnastique.*

L'utilité des exercices gymnastiques est depuis long-temps reconnue ; mais ce n'est que
fort récemment qu'on a cherché à les introduire dans l'éducation , en leur donnant une
organisation régulière. Il est facile de comprendre combien ils offriraient d'avantages
dans les écoles populaires , où les enfans ,
destinés aux travaux mécaniques et aux professions laborieuses , ont besoin d'assouplir
leurs membres, de s'endurcir contre la fatigue , de devenir robustes, agiles et dispos.

On n'a point encore songé dans nos colléges à tirer partie des récréations, et à les
faire tourner au profit de l'adresse et de la
santé,en confiant les élèves à des maîtres particuliers , capables de partager et de diriger
leurs jeux. Quelques enfans savent profiter des

momens de récréation, pour se livrer à des exercices salutaires ; mais beaucoup d'autres aussi usent tout ce temps à s'entretenir dans les inclinations de la paresse, et bien souvent l'oisiveté fait peser sur eux son joug de plomb à l'heure des récréations, plus encore qu'à celle des études. Les récréations ne devraient être destinées qu'à varier l'utile emploi du temps et à remplacer les travaux d'esprit par ceux du corps. Il faudrait se mêler aux exercices gymnastiques des enfans, mais s'occuper d'eux pour y servir et non pour y gêner leurs plaisirs. Dans nos colléges, au contraire, on ne connaît guère d'autre alternative que de les abandonner à eux-mêmes, ou d'inspecter leurs jeux pour les troubler. On porte, dans la surveillance des récréations, le même système que dans le maintien de ces longues heures d'études, où l'on répute studieux et sages ceux qui écrivent, lisent et se taisent, sans s'inquiéter si, pendant tout ce temps, ces jeunes esprits ne se livrent pas aux plus dangereux désordres de pensées; de même que, dans les récréations , si les jeux ne semblent point périlleux, ou ne sont pas trop bruyans , si des rixes ne s'élèvent pas , on croit avoir tout gagné , et l'on ne s'informe pas si les corps sont devenus plus adroits et plus souples , si une fatigue salutaire a aiguisé les appétits et procuré un profond sommeil. J'aimerais que des maîtres spéciaux veillassent aux soins de l'éducation physique, et que quelques encouragemens, accordés aux progrès dans les exercices du corps , fussent mêlés aux récompenses , qui , dans les solennités de nos colléges, sont distribuées aux travaux d'esprit.

Les exercices gymnastiques, que nous nous plaignons de ne pas voir introduits dans nos collèges , pourraient l'être dans les nouvelles écoles. Nous ne nous arrêterons pas à en donner ici le détail. Qu'il nous suffise de renvoyer le lecteur aux expériences déjà faites avec beaucoup de succès , et principalement aux établissemens fondés par MM. Amoros et Clias. On devra surtout insister sur les exercices qui peuvent , moins que les autres, se passer d'un enseignement spécial, et qui offrent les plus grands secours dans la vie, tels que l'équitation, la natation, etc.

Avant de quitter ce sujet, il ne sera pas hors de propos de faire quelques réflexions sur la suppression des exercices militaires qui avaient été introduits dans les lycées et qui en ont été bannis.

Si on les considère comme exercices gymnastiques, leur utilité n'est pas contestable. Le maniement et le port du fusil est l'un des meilleurs moyens de donner au corps d'un jeune homme qui croît et se développe de la force et surtout de l'à-plomb. On n'a pas voulu envisager la question sous cette face, et l'on s'est effrayé de l'effet moral de ces exercices, dans lesquels on n'a vu que l'inconvénient de favoriser des goûts militaires dans les jeunes gens. Cette crainte repose sur les motifs les plus respectables, mais l'application en est ici mal entendue. Sans doute on ne peut pas être trop en défiance contre l'esprit militaire et ses déplorables écarts : c'est à bon droit que

l'on y signale quelque chose de barbare, fait
pour épouvanter la civilisation ; mais un peuple
ne se trouve pas frappé de cette maladie, parce
que tous ses citoyens apprennent à porter le
mousquet. Les caractères d'insolence et de
brutalité, attachés trop souvent à l'esprit militaire, se manifestent surtout lorsque celui
qui tient une arme s'imagine que c'est pour
lui un mérite et presqu'un privilége de savoir
s'en servir, de même que le savant de village,
qui seul sait lire dans son endroit, se défend
avec bien de la peine du pédantisme et de la
vanité. Mais que tous les citoyens manient
une arme ou sachent lire, et l'on voit dispa-
raître alors tous ces orgueils subalternes, nés
de quelque facile prééminence. Dans notre
pays, où les lois militaires font sortir l'armée
du sein même de la nation, en la recrutant
avec égalité au milieu de toutes les professions
et de tous les rangs, il est bon que tous les
citoyens s'exercent de bonne heure à l'usage
des armes. Ils seront prêts au service dès que
la loi les appellera, et verront s'abréger pour

eux les pénibles initiations de la vie militaire.
Ils seront prêts aussi pour l'utile institution
de la garde nationale ; ils seront capables de
se lever en masse contre l'ennemi qui envahira
le territoire de la patrie ; ils pourront prêter
main-forte en cas de trouble , et coopérer
activement au maintien de la police municipale.

On peut faire , du maniement des armes ,
une récréation salutaire pour la jeunesse , et
c'est presque toujours s'y prendre trop tard ,
que d'attendre l'âge où l'homme fait ne peut
plus y consacrer son temps et ne s'y prête
qu'avec répugnance. L'introduction de ces
exercices dans nos colléges n'en fera pas des
écoles militaires ; on peut se contenter d'y
consacrer quelques heures , prises sur les récréations , comme on le faisait dans plusieurs
lycées.

Tels sont les principaux objets d'études et
d'exercices dont l'éducation populaire peut
paraître le plus susceptible. Tous peuvent servir dans toutes les conditions , et sont appro-

priés aux positions les plus diverses de la vie. Le jeune homme qui appartient aux classes inférieures n'aura pas perdu son temps, et n'aura été distrait ni de sa destination sociale ni de sa vocation naturelle, s'il sait parler sa langue, se tracer à lui-même des règles de conduite, connaître et respecter les vérités de la religion; s'il a quelque teinture de la constitution et des lois de son pays; s'il peut se retracer les grandes époques historiques et retenir les noms des personnages les plus célèbres; s'il est initié dans la division géographique du globe; s'il peut agrandir ses travaux par une connaissance sommaire des lois de la nature; s'il s'est exercé au calcul; s'il trace avec fermeté une ligne, et manie adroitement un crayon; s'il a formé son corps par une gymnastique bien entendue et appropriée aux besoins les plus ordinaires de la vie. En le formant à ces apprentissages, vous en aurez fait, non point un savant, mais un homme et un citoyen.

CHAPITRE IX.

ORGANISATION DES ÉCOLES POPULAIRES DE SECOND DEGRÉ.

L'ORGANISATION des écoles secondaires pour le peuple présente au premier coup-d'œil d'assez grands obstacles, et cette éducation paraît tout à-la-fois difficile à donner et difficile à recevoir.

Elle paraît difficile à donner, soit par les dépenses qu'elle entraînerait, soit par l'imperfection ou l'absence des ouvrages élémentaires, qui pourraient lui servir d'instrument. Elle est difficile à recevoir; car l'ignorance, l'intérêt et la vanité peuvent se réunir pour écarter d'elle ceux dont elle est destinée à opérer la réforme; l'ignorance dédaignera ses bienfaits, qu'elle ne comprendra pas ; l'intérêt fera le calcul du profit que les enfans des classes laborieuses rapportent à leurs familles par des travaux manuels, et regardera comme perdu le temps employé à l'étude ; la vanité ne se verra qu'avec jalousie reléguée dans des institutions de second rang , et s'offensera de la distinction qui séparera les nouvelles écoles et les colléges classiques.

Tels sont les obstacles que peuvent craindre, contre l'établissement des nouvelles écoles , ceux même qui regardent comme un bien la généralité de l'éducation et la diffusion des lumières. Quant à ceux qui détestent l'instruction pour elle-même , et qui éprouvent le désir de retenir une partie de l'humanité sous le joug abject de l'ignorance, ils auront aussi leurs objections ; mais ce n'est pas à eux que cet écrit s'adresse , et l'auteur n'a ni l'espérance de les convaincre , ni la tentation de controverser avec eux.

Parmi les objections qui viennent d'être rapportées , toutes ne sont pas également solides. Il n'est pas nécessaire de s'arrêter beaucoup à celles que l'on puiserait dans l'absence des ouvrages propres aux enseignemens que nous avons proposés pour l'éducation populaire. Les premiers succès naîtront d'un choix de professeurs éclairés, capables de bien comprendre la nature de leurs fonctions, et d'en sentir toute la gravité. Les ouvrages élémentaires naîtront d'eux-mêmes sous leur main, à mesure que l'expérience aura dirigé et perfectionné leurs leçons. Il n'est pas impossible de trouver quelques guides dans les livres déjà existans, sauf à les remplacer ensuite par ceux qui paraîtront pour répondre au besoin qu'on en éprouvera. Il en est des livres et des matériaux d'instruction comme de tout le reste : ils s'inventent, se fabriquent, se distribuent, se consomment, d'après la proportion des demandes qui en sont faites, c'est-à-dire en raison des besoins sentis et aperçus, bien plus encore que des besoins réels. On peut d'ailleurs provoquer facilement ces sortes de compositions, en ouvrant des concours et en proposant quelques prix pour celles que l'on jugera les meilleures.

Si la vanité de quelques familles se trouve blessée par l'espèce d'infériorité sociale que la création des nouvelles écoles populaires semblera souvent supposer dans ceux qui les fréquenteront, il ne faudra pas s'effrayer de ces répugnances, qui ne reposeraient que sur le refus de se soumettre aux inégalités établies, par la nature même des choses, entre les fortunes et les rangs. Ce sentiment pourra exercer de l'influence sur quelques esprits étroits et peu éclairés; mais il n'agira pas assez généralement pour devenir un obstacle sérieux contre la fondation des écoles destinées à instruire cette partie nombreuse de la population, à laquelle, par le fait, l'instruction s'est, jusqu'à ce jour, trouvée interdite. Pour peu que quelques bons résultats soient obtenus, on verra les préjugés de cette nature diminuer sensiblement. Rien n'empêche, au reste, puisque l'instruction est libre, que les parens plus ambitieux ne dirigent, si bon leur semble, leurs enfans vers les études classiques. S'il s'en rencontrait, qui, dans la crainte de les envoyer à des écoles inférieures, consentissent à risquer de les laisser sans instruction, ils se verraient bientôt amenés, par la vanité même, à ne pas vouloir retenir leurs enfans en arrière des autres; et ils se lasseraient de refuser, pour un motif aussi puéril, les profits et les facilités de l'instruction.

Les deux véritables difficultés, celles qui ne doivent pas, un seul instant, être perdues de vue dans l'organisation des nouveaux établissemens, naissent de la nécessité d'apporter une stricte économie, soit dans les dépenses d'argent, soit dans la dépense du temps des classes ouvrières.

Les dépenses pécuniaires qu'entraîneront les nouvelles écoles se présentent comme le premier des obstacles; et il faudrait renoncer à cette fondation, si l'on ne trouvait pas les moyens d'y apporter la plus grande économie. Sans doute une dépense aussi utile mériterait de grands encouragemens de la part de l'État, et devrait se trouver rangée parmi les emplois les plus sacrés de la fortune publique; mais il faut songer à la multiplicité des charges qui, dans tous les temps, pèseront sur l'État, et exigeront les plus grands efforts pour l'allégement de chacune d'elles; il faut aussi réfléchir à l'énorme distance qui semble nous séparer encore du temps où les besoins moraux de la nation seront portés en première ligne dans ses comptes financiers. Comment demander avec espérance au trésor public de s'ouvrir pour l'éducation secondaire du peuple, lorsque nous n'en sommes pas même venus, encore, au temps où il rejettera avec indignation les impurs deniers que lui apporte la source corruptrice de la loterie et des jeux? Avant d'instruire le peuple dans la vertu, cessez d'abord de l'instruire dans le vice, et de faire de la provocation au crime, spéculation publique, et marchandise nationale. Que mes yeux, en parcourant les villes, ne soient plus offensés par ces enseignes scandaleuses, où l'auguste nom de la royauté s'accole à celui de la loterie ! Que je voie fermer ces bureaux où le domestique va cacher ses vols, où le fils va déshonorer son père, où le père va réduire sa famille à la mendicité ! Tant que ces outrages officiels à la morale publique attristeront la pudeur nationale, je ne conserverai pas le fol espoir d'être entendu en demandant à nos budgets de prendre l'amélioration des mœurs publiques en quelque considération. La modicité des secours consacrés au soutien et à la propagation de l'instruction primaire, est en parfait rapport avec le maintien de la loterie et des jeux , et cependant l'instruction primaire est beaucoup plus indispensable encore, dans l'intérêt de la prospérité générale , que l'enseignement secondaire, tel que nous le demandons.

C'est donc une condition essentielle pour l'existence actuelle des nouvelles écoles , que la possibilité de les organiser à peu de frais , et de trouver, à défaut des secours de l'État, des encouragemens suffisans dans les fondations particulières de la bienfaisance , secondées par les ressources puissantes de l'esprit d'association.

L'économie du temps n'est pas moins importante que celle de l'argent, et, si l'on ne s'attache pas à ménager le temps des enfans et et à en épargner l'emploi, on n'en obtiendra des familles qu'un nombre beaucoup trop borné.

La forme d'enseignement la moins dispendieuse est celle qui s'adresse à des externes et qui ne se charge des étudians qu'au moment où ils assistent aux cours dans lesquels ils puisent l'instruction. L'on évite ainsi les dépenses les plus fortes, et c'est au traitement du professeur et à la location de quelques salles, que se réduisent les frais.

Chacun des objets d'enseignement que nous avons indiqués pourrait être enfermé dans un cours d'une année ou de deux années tout au plus; car il ne faut jamais perdre de vue qu'il s'agit seulement d'y comprendre des notions usuelles et élémentaires.

On peut ne consacrer là chacun des cours

7

qu'une ou deux leçons, de deux ou trois heures, par semaine, et n'obliger aucun élève à en suivre plus d'un seul, s'il ne peut disposer que d'une faible partie de son temps. Les parens sensés, les maîtres humains et intelligens, se décideront sans peine à accorder aux enfans quelques heures pour leur instruction, et en leur permettant de se délasser de leurs travaux manuels par l'exercice de leurs facultés intellectuelles et morales, on dirigera noblement l'emploi de leurs loisirs, souvent si mal employés ; pour une faible partie de leur temps, qu'on saura leur sacrifier à propos, on les aura rendus plus honnêtes et plus habiles.

Si l'on adopte la forme des cours, choisira-t-on des cours publics, ouverts à tous, ou bien des cours particuliers professés seulement pour certains auditeurs désignés. Je crois possible une combinaison de ces deux modes ; mais je n'hésite pas à penser que, tout en réservant pour le public une place marquée et à part, il faut que la partie princi-

pale de l'enseignement s'adresse à des élèves
habituels , désignés pour le cours , connus
du professeur, obligés de lui rapporter certains travaux, animés par l'espoir des récompenses, exposés à être punis ou exclus. L'enseignement secondaire ne supporterait pas ,
comme les hautes études des facultés, l'extrême
liberté des cours publics. Il faut que le professeur connaisse et suive tous ses élèves ,
qu'il entretienne avec eux les rapports qui
naissent de l'habitude. Quelques places à part
seront réservées au public , qui se trouvera
ainsi , par une surveillance perpétuelle , auditeur et juge des leçons ; mais l'enceinte sera
principalement remplie par les étudians admis et désignés. On peut soumettre l'admission à certaines règles ; on peut n'ouvrir
quelques-uns des cours qu'en faveur de ceux
qui seront en état de subir des examens
sur les matières enseignées dans d'autres. A
l'égard des limites d'âge , que l'on pensera
peut-être à déterminer , il serait superflu de
s'en occuper ici , d'abord parce que ce n'est

pas le moment d'entrer dans les détails d'exécution auxquels il sera temps de penser si les bases principales du projet présenté sont admises, et ensuite parce que les limites d'âge devront être différentes, suivant les localités et la nature des objets d'enseignement. Ce sera d'ailleurs un grand bien que de pouvoir, la plupart du temps, permettre aux adultes de participer à de pareils cours, dont on pourrait même, avec le plus grand fruit, faire l'établissement exprès pour eux.

La police des cours doit être un objet particulier d'attention ; elle appartient exclusivement au professeur. Il serait facile d'y appliquer la surveillance des élèves les uns par les autres, suivant des formes semblables à celles que l'enseignement mutuel a adoptées avec tant de succès. La police, ainsi exercée sous les yeux du professeur, lui permet de suivre ses leçons avec liberté d'esprit, et est faite mieux que par lui-même.

Le jugement des fautes par un jury d'élèves est une belle institution, dont quelques effets

ont été fort heureux , et qui aurait pour résultat de donner de bonne heure des idées
nettes et saines sur une distribution équitable
de la justice. Les enfans ne seraient pas plus
mal jugés par les enfans que les hommes ne
le sont par les hommes, surtout avec la garantie
que l'on devra trouver dans la présence du
maître qui est le juge naturellement appelé
à présider un pareil jury. Plus l'éducation of-
frira l'image exacte de la société , et servira
de préparation à nos institutions , mieux elle
atteindra son but, qui est de développer les
facultés de l'enfant , pour le mettre à même
de tenir honorablement sa place dans le
monde.

L'établissement de ces cours pour l'instruction secondaire du peuple n'a pas besoin d'être
opéré instantanément sur l'échelle la plus vaste.
Si l'on craint de s'exposer, en les ouvrant sans
les précautions suffisantes, à ce qu'ils se trouvent, à leur naissance, déserts ou peu suivis,
on peut ne les établir d'abord que dans les
lieux où leur succès est indubitable. Il est fa-

cile de se guider, à cet égard, par une règle
sûre. Dans les lieux où vous ne déterminerez
qu'avec peine les familles à envoyer leurs enfans aux écoles primaires, ne fondez pas encore
de cours secondaires ; attendez que l'exemple
des contrées voisines les ait fait désirer aux
habitans et qu'un grand nombre d'entre eux
les sollicite comme des faveurs. Mais là où
vous voyez les écoles primaires se remplir as-
sidûment, ouvrez des cours avec confiance et
croyez à la continuation du zèle des élèves et
du bon sens des parens. Cette foule qui se
presse dans les écoles, à Paris et sur plusieurs
points de la France, où beaucoup d'enfans
sont obligés d'attendre que des places va-
cantes leur permettent d'être admis à leur
tour, saura apprécier les bienfaits d'une instruction plus avancée. Lorsque les premiers
établissemens auront prospéré, fiez-vous-en
à la force attractive de l'exemple, à l'intérêt
des familles, aux besoins de la société, au bon
sens public, du soin d'en augmenter le nombre. A peine alors sera-t-il nécessaire d'es-

sayer les moyens d'influence pour seconder ce mouvement , et d'encourager , par des exhortations , par des récompenses , par des prix , à la fréquentation des écoles. L'admission des adultes dans les cours pourra , en beaucoup de lieux , être autorisée avec succès ; ailleurs il sera facile de leur ouvrir des cours spéciaux ; et les écoles du soir ou des dimanches qui sont déjà établies , et dont l'action est si puissante sur l'amélioration des mœurs du peuple , offriront d'excellens modèles qu'il faudra s'empresser d'imiter.

Dans les lieux où les cours prospéreront , on peut ajouter à l'éducation secondaire du peuple un grand moyen de succès. Si les fonds de la commune, si les encouragemens accordés par l'État, si les fondations particulières de la bienfaisance le permettent, il sera bon d'établir des pensionnats dont les élèves, ainsi que dans plusieurs de nos colléges, suivraient les cours concurremment avec les externes.

Une partie des bourses dont le gouvernement dispose pourraient être appliquées utilement à cette destination, et accordées pour prix des succès obtenus dans les écoles primaires. Il est certain que les élèves, renfermés dans des pensionnats, feraient généralement des progrès plus rapides; ils seraient moins habituellement détournés par des distractions étrangères, et se trouveraient à même de suivre simultanément les différens cours. Mais les besoins d'économie dans les dépenses, et la nécessité de laisser les enfans des classes ouvrières maîtres d'une partie de leur temps, ne permettent pas d'enfermer dans des pensionnats toute l'éducation secondaire du peuple. Il existe, au reste, des moyens d'alléger les dépenses de ces pensionnats. On peut établir des métiers, des manufactures, dans l'intérieur de la maison, et en appliquer les produits aux frais de l'école. Certains travaux publics, des défrichemens, des entretiens de route, peuvent de temps à autre occuper les enfans pendant quelques heures de la journée. Ces résultats pourraient devenir assez importans pour permettre que plusieurs personnes trouvassent leur compte à établir, auprès des cours, de pareilles institutions, dans la vue d'une spéculation particulière. Des travaux industriels y seraient entrepris; une pension très modique serait fournie par les familles, et les enfans élevés dans ces maisons seraient envoyés aux cours publics pour y puiser l'instruction. Les pensionnaires seraient chargés, sous les yeux des maîtres, non-seulement de la surveillance de police intérieure, mais encore de tout le service journalier, et même en partie de l'administration économique de la maison. Ces fonctions seraient pour eux d'excellentes leçons préparatoires, et permettraient de les exercer aux habitudes de la vie domestique.

Un établissement de ce genre a été formé, il y a peu de temps, pour des apprentis orphelins; mais, au lieu d'une école secondaire, c'était un établissement d'instruction primaire que l'on avait fondé, et des cours, tels que ceux que nous demandons, n'existaient pas, auprès de cette école, pour en alléger les frais et en diriger les travaux. Malgré cette différence fondamentale, on pourrait puiser plusieurs utiles renseignemens dans l'examen de cette institution; et on lira sans doute ici avec intérêt les détails fournis à ce sujet par M. Édouard Odier, dans l'assemblée générale tenue en 1823 par la Société de morale chrétienne. On y trouvera des exemples à suivre et des écueils à éviter. Voici le compte que M. Odier en a rendu, d'après un rapport fait, à cette occasion, dans l'intérieur d'un comité formé pour la coopération des jeunes gens aux œuvres et aux établissemens d'humanité.

« M. Degerando fils a lu un rapport sur « l'établissement dit Manufactures des appren- « tis pauvres et orphelins, rue du Faubourg- « Saint-Denis. Cet établissement n'existe plus « que de nom; il avait été fondé par M. Gar- « ros, au moyen de souscriptions volontaires, « et d'actions qui devaient porter intérêt et « dividende en proportion du produit des tra- « vaux de la manufacture. Les enfans étaient « logés, vêtus, nourris et instruits aux frais de « la société; on leur enseignait la lecture,

« l'arithmétique , le dessin linéaire : ils avaient
« des ateliers de reliure, de papeterie, d'ébé-
« nisterie et de menuiserie ; ils suivaient aussi
« les exercices gymnastiques. Ils étaient orga-
« nisés par compagnies de dix à quinze cha-
« cune, commandées par un chef et un sous-
« chef qu'ils nommaient eux-mêmes ; ils avaient
« un livret sur lequel étaient inscrits leur con-
« duite et leur travail ; ils nommaient entre
« eux un jury pour juger et punir les fautes
« commises contre la discipline ; ce jury don-
« nait aussi aux nouveaux venus un parrain,
« qui devait les protéger et les guider par ses
« conseils. Cet établissement avait donné de
« grandes espérances ; une foule de causes ont
« concouru à sa ruine. Les bases en étaient
« vicieuses ; on a laissé enfreindre des disposi-
« tions des statuts ; il devait y avoir huit cents
« actions ; plusieurs n'ont pas été soldées ; le
« gouvernement n'a pas accordé les secours
« qu'il avait promis ; d'odieuses calomnies ont
« été dirigées contre l'établissement ; les tra-
« vaux n'ont pas donné les produits sur les-

« quels on avait compté ; on a trop légèrement
« accueilli des faiseurs de projets ; et enfin le
« directeur, qui n'était pas capable de con-
« duire, et encore moins de ressusciter l'éta-
« blissement, vient de mourir après y avoir
« perdu, lui-même, une somme assez considé-
« rable. Ce rapport de M. Degerando fils a été
« envoyé au comité des actionnaires de l'éta-
« blissement, avec offre de le faire inspecter
« par quelques jeunes gens zélés, s'ils voulaient
« le réorganiser. Messieurs les actionnaires ont
« adressé des remerciemens à notre comité, et
« ils lui ont répondu qu'on liquidait l'ancienne
« société, et qu'ils attendaient la fin de cette
« liquidation pour savoir s'ils réorganiseraient
« l'établissement. »

Quoi qu'il en soit de ces pensionnats, et
malgré les nombreux avantages que l'on ne
manquerait pas d'en retirer, il faut considérer
cependant que l'organisation de l'enseignement
secondaire pour le peuple n'est pas essentiellement attachée à leur formation. C'est, d'abord,
par l'établissement des cours que l'on pourra

se mettre en état de satisfaire aux besoins les plus urgens, et c'est à l'ombre des cours que, tôt ou tard, de bons pensionnats finiront par s'élever.

Il existe un moyen facile de mettre sur-le-champ à l'épreuve les projets d'éducation secondaire pour le peuple. Lorsque le plan des cours destinés à cette éducation sera une fois fixé, on peut, sans danger, sans être obligé à aucune fondation nouvelle, les ouvrir dans les prisons, et surtout parmi les jeunes prisonniers, pour les sujets qui savent déjà lire et écrire. Plus d'une fois on a tenté sur des prisonniers de hasardeuses et barbares expériences; celle-ci ne présenterait que des avantages sans dangers, car des prisonniers auront toujours quelque chose à gagner dans de pareils essais. Les instructions religieuses qu'on leur donne, et qui sont le fondement et l'espérance de leur amélioration, trouveraient dans l'établissement d'une éducation secondaire, le soutien le plus puissant. Les travaux d'esprit que l'on exigerait d'eux sur les objets d'études

précédemment indiqués, les comptes qu'ils se
verraient forcés à rendre de leurs pensées,
serviraient aux professeurs, pour peu qu'ils
eussent l'expérience du cœur humain, afin de
reconnaître et de combattre dans leurs élèves
les causes principales d'erreur qui entraînent
chacun d'eux vers le vice, qui obscurcissent en
eux la netteté du raisonnement, étouffent l'instinct de la conscience, et poussent au crime
des êtres qui, avec plus de lumières, sauraient
apprécier la vertu. Qu'il serait beau et tou-
chant de faire servir les repaires du vice à
l'essai de l'amélioration populaire; de les trans-
former en écoles expérimentales, de l'exemple
desquelles pourraient sortir la civilisation et
le bonheur pour cette population nombreuse
à laquelle aujourd'hui l'instruction secondaire
manque totalement! Où trouver un plus noble
moyen de fournir aux prisonniers l'occasion
de réparer envers la société le tort qu'ils lui
ont fait, tout en prévenant celui qu'ils pourraient lui faire encore? Ce que recherchent les
philanthropes, c'est de rendre à la société, bons

et laborieux, les êtres que les prisons reçoivent vicieux et fainéans. N'obtiendrait-on pas, avec cette purification si désirable, un résultat mille fois plus grand, si le profit que les prisonniers retireraient de pareilles leçons démontrait, en les rendant meilleurs, la possibilité d'améliorer la population toute entière.

Tous ces moyens de fonder l'enseignement populaire du second degré sont simples, peu dispendieux, et ne demandent qu'un zèle ardent et éclairé de la part des professeurs que l'on désignerait pour créer les cours.

Les gens de bien ne manqueront pas à qui voudra les choisir pour remplir cette noble tâche. Ce serait un beau spectacle que de voir l'éducation partager ses bienfaits envers tous les citoyens d'un pays; enseigner les études classiques et les hautes sciences à une partie de la population, et, pendant le même temps, recueillir les artisans et les enfans des classes laborieuses, leur préparer, pour toute la vie, des provisions de vrai bonheur, policer le peuple en jetant au milieu de lui le goût de la vie morale et intellectuelle, civiliser les familles par les enfans. Les progrès de l'enseignement primaire ont déjà commencé cette réforme; l'établissement d'un enseignement secondaire doit puissamment la favoriser.

CHAPITRE X.

D'UNE SÉPARATION A FAIRE DANS NOS COLLÉGES CLASSIQUES.

LE seul tort de notre éducation secondaire ne consiste pas en ce qu'elle se trouve tout-à-fait hors de la portée d'une grande partie de notre population, à laquelle elle manque entièrement : on peut lui reprocher encore d'être mal appropriée aux besoins d'une portion de ceux qui la reçoivent.

Beaucoup de familles ne veulent pas laisser leurs enfans privés d'éducation secondaire, ni les élever comme des artisans. Elles les envoient dans les colléges passer quelques années de leur enfance ; puis les en retirent

8

pour leur faire apprendre un état, avant que leurs études classiques ne soient achevées.

On parviendrait à remédier aux inconvéniens de ces interruptions des études, et en même temps on améliorerait le régime intérieur de nos colléges, si l'on cessait de confondre tous les âges et tous les degrés d'enseignement dans les mêmes établissemens publics d'éducation.

Ce serait une séparation à-la-fois salutaire et facile que celle qui répartirait, entre plusieurs colléges publics différens, les différens degrés d'études, en sorte que dans les uns on enseignât les élémens, et dans les autres les études plus avancées.

Les premiers colléges conduiraient les enfans jusqu'à des exercices analogues à ceux de nos classes de troisième ou de quatrième. La suite des leçons y serait combinée de manière à laisser quelque chose dans l'esprit de ceux qui jugeraient à propos de ne pas pousser plus loin les études classiques. Ainsi les enfans pourraient avoir appris dans ces premiers colléges les élémens d'histoire, la géographie, l'arithmétique, une ou deux langues, et pourraient surtout savoir déjà rendre, en termes corrects et simples, compte de leurs idées dans leur langue nationale ; car il faudrait commencer de bonne heure les compositions françaises, réservées à tort pour la rhétorique, et, plus à tort encore, consacrées exclusivement à des amplifications.

De ces premiers colléges, une partie des élèves entreraient dans les lycées, où ils perfectionneraient leurs études classiques proprement dites, et se disposeraient à recevoir la haute instruction. D'autres, au lieu de continuer les études classiques, entreraient dans les écoles militaires, dans les écoles de commerce, de beaux-arts, et se répandraient dans le monde avec une instruction préparatoire meilleure que celle dont il faut se contenter aujourd'hui pour tous les jeunes gens que l'on enlève du milieu de leurs études et que l'on transporte, sans qu'elles soient achevées, dans les comptoirs, dans les bureaux, dans les

8.

camps, où leur demi-instruction s'est bien
vite effacée de leur mémoire. Les lycées se
trouveraient ainsi naturellement réservés aux
élèves qui voudraient pousser un peu plus loin
les études classiques, suivre les cours des facultés, ou se préparer à entrer dans les hautes
écoles spéciales, aux séminaires, aux écoles
normale, polytechnique, de droit, de méde-
cine, etc.

Une pareille distinction entre les établissemens d'éducation publique, selon les degrés
d'études, n'aurait pas pour unique avantage de
mieux accommoder l'instruction à la diversité
des besoins de ceux qui la reçoivent. Il y aurait, sous mille autres rapports, beaucoup à
gagner dans une séparation qui ne laisserait
pas confondus ensemble beaucoup d'enfans
d'âges trop inégaux. Un même régime intérieur, une même distribution des heures de
sommeil, de repas, de récréation ou d'étude,
de mêmes alimens, une même discipline ne
peuvent pas indifféremment convenir à tous
les âges. En cette occasion, comme dans tant

d'autres, l'esprit se laisse séduire par son penchant naturel à tout ramener à l'unité. Mais, sous les apparences de l'ordre, l'uniformité factice entre des objets dissemblables introduit un désordre réel. Les méthodes d'enseignement gagneraient elles-mêmes à cette séparation; car l'emploi peut en être utilement diversifié, suivant les âges et les degrés d'instruction. Il est très probable, par exemple, que la méthode de mutualité serait introduite avec un grand succès dans les premiers colléges, tandis qu'elle ne conviendrait aux plus élevés que dans quelques applications à des points de discipline.

Cette séparation entre les colléges secondaires et les colléges supérieurs, compléterait, avec la création des nouvelles écoles populaires, un système d'éducation applicable aux besoins de l'universalité des citoyens.

CONCLUSION.

La plupart des idées contenues dans ce mémoire seraient susceptibles de plus amples développemens, et il serait surtout bien facile d'entrer dans plus de détails pratiques sur l'organisation des cours, et sur les objets d'enseignement. L'auteur s'en est volontairement abstenu. Si les idées principales qu'il a exposées sont justes, si elles semblent praticables et qu'elles soient adoptées, rien ne sera plus aisé que d'en déduire les conséquences, et d'en compléter les applications, sans insister, quant à présent, sur la discussion prématurée de tous les détails. Ce qui importe dans les questions de cette nature c'est de se mettre d'accord sur les principes. C'est aux principes

surtout que l'auteur a eu l'intention de s'attacher. Il s'est appliqué aussi à ne proposer que
des projets d'une exécution facile, et à les
approprier à l'état actuel de notre éducation
publique. Les temps ne paraissent pas heureux pour s'entretenir dans les espérances de
si hautes améliorations; il semble qu'une puis-
sance invisible, au lieu d'obéir à la loi des sociétés qui les pousse vers leur perfectionnement,
cherche, au contraire, à leur faire remonter
la route sur le penchant de laquelle la civilisation est entraînée par la force des siècles. Mais
les hommes qui ont résolu de consacrer leur
vie à des méditations sérieuses n'ont pas à se
laisser effrayer par ces symptômes de quelques
accidens passagers. Dans leur confiance pour
l'accomplissement de ce qui est bien, ils ne
portent leurs incertitudes que sur l'époque à
laquelle le bien s'opérera; mais ils s'efforcent,
par leurs études, de se tenir tout prêts pour le
moment de son triomphe. Avez-vous contem-
plé l'Océan, lorsqu'à l'heure du reflux, il commence à retirer ses eaux? L'œil, quelque temps

incertain, ne reconnaîtrait pas, aux seuls mou-
vemens des flots, si la mer envahit ou abandonne le rivage ; mais qu'il s'arrête sur ces
scories immobiles qu'elle poussait tout-à-
l'heure sur le sable, et il n'hésitera plus ; car
il verra s'étendre, à tous les momens, la distance qui les sépare de la dernière limite, où,
dans leurs oscillations, les ondes viennent mourir. Ainsi, dans les événemens de la vie, les al-
ternatives perpétuelles de faiblesse et de force,
de savoir et d'ignorance, d'intrigues et de
loyauté, de fait et de droit, d'intérêt et de devoir, jettent parfois le contemplateur dans une
incertitude affligeante sur le perfectionnement
des institutions humaines, et le tiennent quelque temps en doute sur les espérances de sa
raison. Mais un spectacle le rassure : le temps
a laissé en arrière les débris de quelque anti-
que erreur disparue du monde sans retour.
Il s'écrie, à cette vue : dans le grand combat
du bien et du mal, la lenteur des progrès peut
les dérober aux yeux impatiens de la génération présente ; mais ils existent, ces progrès

désirables, et la barbarie fuit incessamment devant la civilisation.

S'il est une cause qui ait des droits à être soutenue par une telle espérance, ne sera-ce pas plus que toute autre, celle de l'éducation? Quel spectacle, en effet, nous offre-t-elle depuis ces dernières années? Sur tous les points du globe un mouvement irrésistible entraîne les esprits vers la propagation de l'instruction. L'Écosse, la Hollande, les États-Unis, l'Angleterre, quelques parties de l'Allemagne et de la Suisse, plusieurs départemens de la France, se sont déjà couverts d'écoles, et présentent, dans les mœurs du peuple, une croissante amélioration. Les états naissans de l'Amérique méridionale appellent à grands cris l'instruction, et placent la fondation des écoles au premier rang de leurs devoirs. Le dogme de la liberté d'éducation et celui de son universalité, s'ils ne sont pas encore assez compris, sont, du moins, discutés et n'étonnent plus personne. Les temps où certaines classes de la société affectaient de ne rien savoir sont maintenant passés pour ne plus revenir. Les nobles ne se vanteront plus de ne pouvoir pas signer leur nom ; un prince du sang royal envoie ses enfans au collége ; des pairs de France prennent part aux spéculations de l'industrie et s'honorent à faire preuve de science. Un parti s'emporte contre l'enseignement mutuel, mais lui-même élève des écoles rivales pour le combattre, et l'instruction gagne à cette lutte. Il cherche à répandre le ridicule sur le progrès des lumières, mais il se proclame avec complaisance plus éclairé que ses adversaires, et tout en chérissant la cause de l'ignorance pour les autres, il s'en défend, pour lui, comme d'une honte. Certains accidens passeront, mais les progrès que l'expérience de chaque jour ajoute aux lumières des siècles passés ne peuvent pas périr. Ce ne serait pas sans une sorte de sacrilége que l'on désespérerait du perfectionnement de l'humanité, car cette cause est celle du christianisme, qui a placé l'espérance au rang des trois grandes vertus.

TABLE

DES CHAPITRES.

FIN DE LA TABLE.

LIBRAIRIE

DE

A. A. RENOUARD,

RUE DE TOURNON, Nº 6,

A PARIS.

EXTRAIT DU CATALOGUE GÉNÉRAL.

OUVRAGES SOUS PRESSE.

FRANKLIN (Benjamin). Mélanges de morale, d'économie et de politique, extraits de ses ouvrages et précédés d'une Notice sur sa vie par A.-Ch. Renouard, avocat. 2 vol. in-18, ornés d'un très beau portrait de Franklin et d'un fac-simile de son écriture.

Le plus grand nombre des morceaux dont ces deux volumes se composent n'avaient jamais été recueillis en français ; plusieurs même n'avaient point encore été traduits en cette langue.

LORD BYRON, par madame Louise Sw.-Belloc, traducteur des Amours des Anges de Th. Moore. 1 vol. in-8. orné d'un beau portrait de Lord Byron et d'un fac-simile de son écriture.

Outre beaucoup de détails authentiques sur le caractère, la vie et les écrits de Byron, on trouvera dans cet ouvrage une analyse détaillée de ses divers poèmes, accompagnée de nombreuses citations, de traductions nouvelles, de morceaux inédits, etc., etc.

DROZ (Joseph). De la philosophie morale, ou des différens systèmes sur la science de la vie ; *seconde édition.* 1 vol. in-18.

— **Le même ouvrage ;** 1 vol. in-8.

L'Académie Française, dans sa séance du 25 août 1824, a décerné à cet ouvrage le prix fondé par feu M. de Montyon pour le livre le plus utile aux mœurs.

DEGÉRANDO (Le Baron), membre de l'Institut. **Du perfectionnement moral,** ou de l'Éducation de soi-même ; 2 vol. in-8.

RENOUARD (A.-Ch.). Considérations sur les lacunes de l'éducation secondaire en France, précédées d'un Rapport par M. Guizot sur le prix décerné à cet ouvrage. 1 vol. in-8.

WYTTENBACH (Madame). Théagène ; *seconde édition.* 1 vol. in-12. — **Banquet de Léontis ;** *seconde édition.* 1 vol. in-12.

BONIFACE (A.). Introduction a l'étude de la géographie, comprenant, 1º les connaissances générales et essentielles de l'histoire naturelle ; 2º les définitions des termes de géographie ; 3 un précis de géographie astronomique ; 4ᵐ un choix de morceaux extraits des auteurs les plus célèbres sur ces diverses matières. 1 vol. in-12 avec plusieurs planches coloriées.

DESCARTES, Méditations métaphysiques, 1 vol. in-18.

HUMBOLDT (ALEXANDRE DE). Essai politique sur le royaume de la Nouvelle-Espagne : *nouvelle édition*, revue, corrigée et augmentée par l'auteur. 4 vol. in-8. avec un atlas in-fol.

RENOUARD (ANTOINE-AUGUSTIN). Annales de l'imprimerie des Alde, ou Histoire des trois Manuce et de leurs éditions ; *seconde édition* considérablement augmentée. 3 vol. in-8. ornés de deux portraits et de plusieurs fac-simile.

QUINAULT (Ph.). Œuvres choisies. 2 vol. in-8. avec un portrait.

***

OUVRAGES NOUVELLEMENT PUBLIÉS.

DESCARTES. Discours de la méthode pour bien conduire sa raison, et chercher la vérité dans les sciences ; *nouvelle édition*, précédée d'une Notice historique et biographique par M. Michelot. 1824, 1 vol. in-18. . . .
— En papier vélin satiné. . . . .

FRANKLIN (BENJAMIN). La science du bonhomme Richard, avec un Calendrier pour 1825 et une couverture imprimée. 25
Si l'on en prend à la fois 100 Exemplaires. 20

TAILLEFER (L.-G.). De quelques améliorations à introduire dans l'Instruction publique. 1824, in-8. . 6   50

LES POÈTES FRANÇOIS, depuis le douzième siècle jusqu'à Malherbe, avec une notice historique et littéraire sur chaque poète. Paris, 1824, 6 vol. in-8. papier d'Annonay 48   »
— En grand pap. vélin satiné, tiré à 50 exemplaires. .150   »

LOUIS XIV et ses principaux ministres. Paris, 1823, 1 vol. petit in-4. orné de six portraits et d'un frontispice gravés par Roger ; cartonné à l'anglaise. 15   »
Papier vélin, portraits avant la lettre, cartonné. . . . 25   »
Papier vélin, portraits avant la lettre, sur papier de Chine, cartonné. 30   »

LOUIS XIV et ses amours. Paris, 1824, 1 vol. pet. in-4. orné de six portraits et d'un frontispice gravés par Roger ; cartonné à l'anglaise 15   »
Papier vélin, portraits avant la lettre, cartonné. . . . 25   »
— Papier vélin, portraits avant la lettre, sur papier de Chine, cartonné. 30   »
— In-8. avec les mêmes portraits réduits et un titre gravé. 8   »

M. T. CICERONIS QUÆ SUPERSUNT DE RE PUBLICA, ex primaria editione Angeli Mai. *Parisiis*, 1823, in-8. avec portrait et fac-simile. 7   »
— En papier vélin satiné 12   »

GOETHE. Des Hommes célèbres de France au XVIIIe siècle, et de l'état de la Littérature et des Arts à la même époque, trad. par MM. de Saur et de St.-Géniés. 1823, in-8. portrait. 5

PEIGNOT (G.). Manuel du bibliophile, ou Traité du choix des livres : 2e édit. 1823, 2 vol. in-8. . . . 12
— En papier fin d'Angoulême 14

	F.	C.
AMUSEMENS PHILOLOGIQUES ; par M. G. P. ; 2e édit. 1824 , in-8.	6	»
—En papier fin d'Angoulême	7	»
LETTRES BOURGUIGNONNES , ou Correspondance sur divers points d'histoire littéraire , etc., etc., par M. C. N. Amanton de Dijon. 1823 , in-8.	2	»
NOTICE SUR C. X. GIRAULT , suivie de la liste de ses ouvrages , par le même. 1823 , in-8.	1	»
MÉMOIRES DE JACQUES FAUVEL , roman de MM. Droz et Picard. 1823 , 4 vol. in-12.	11	»
NOMENCLATURE du DE VIRIS ILLUSTRIBUS ROMÆ mise dans un ordre conforme à la méthode de M. J.-J. Ordinaire pour l'enseignement des langues. 1824 , in-12 , cartonné.	1	50
BONIFACE (A.). LECTURE GRADUÉE pour les enfans. Première partie, *Orthographe régulière.* In-8.	1	»
Seconde partie, *Orthographe irrégulière.* In-8.	2	»
JACOTOT (J.). ENSEIGNEMENT UNIVERSEL. Dijon , 1823 , in-8.	4	»
ÉNIGMES HISTORIQUES, géographiques, mythologiques, iconologiques , biographiques , etc., à l'usage des colléges et des maisons d'éducation ; par M. Lévy. 1823 , in-18 , cartonné	1	50
WYTTENBACH (M.). SYMPOSIAQUES , ou Propos de table. 1823 , in-12.	2	»
—Alexis. 1823 , in-12.	1	80
MOORE (TH.). THE LOVES OF THE ANGELS. 1823, grand in-8. , papier vélin , figures en bois.	9	»
GULLIVER'S TRAVELS , by Swift. 1823 , 2 vol. in-12 , papier vélin , figures.	12	»
OEUVRES COMPLETES DE VOLTAIRE , *nouvelle édition terminée.* 1819—1823, 66 vol. in-8.	330	»
—Les mêmes, avec 160 gravures , satinés	556	»
—Les mêmes, grand papier vélin d'Annonay satiné. . . .	850	»
—Les mêmes, avec les gravures avant la lettre	1000	»

Cette édition , maintenant *terminée* , et plus ample que toutes celles qui la précedent , contient entre autres augmentations , dans la seule Correspondance , 1597 *Lettres* de plus que les éditions de Kehl et ses nombreuses copies. Toutes les autres parties ont reçu des améliorations non moins importantes. L'ordre des matières a été de beaucoup rectifié , la correction a été l'objet d'une attention toute particulière. Quant à l'exécution typographique , on laisse au lecteur le soin de la juger et d'en savoir gré à l'imprimeur qui l'a si habilement conduite. On se bornera à faire remarquer que ces 66 volumes ont le rare avantage d'être tous imprimés sur un papier bien collé , et d'une qualité parfaitement égale.

Quoique rien n'y ait été épargné , cette édition est d'un prix extrêmement modique ; sans gravures *chaque volume est de cinq francs seulement.* Elle coute 146 francs de plus si l'on y ajoute les 160 gravures, brillante collection due au talent de Moreau le jeune , et l'un de ses plus beaux titres de gloire.

Les Tables , en 2 vol. in-8°, et formant les tomes 65 et 66 , seront incessamment publiées.

LIBRAIRIE

F.   C.

LA DIVINA COMMEDIA DI DANTE ALIGHIERI giusta la le-
zione del codice Bartoliniano. Udine, 1823, 2 v. in-8.   16   »
— En papier fin.   18   »
En grand papier vélin.   36   »

Le manuscrit de la *Divina Commedia*, écrit dans le Frioul vers le
milieu du XIVe siècle et récemment signalé par le savant professeur
Viviani, dans la Bibliothèque Bartolini, à Udine, lui a donné l'occasion
de présenter dans cette édition très remarquable une foule de leçons primi-
tives qui n'ont été connues d'aucun autre éditeur, et qui ont pour autorité cet important manuscrit fait ou sous les yeux de Dante, ou au moins
dans un temps très rapproché du séjour qu'il fit dans le Frioul, vers la
fin de sa vie.

On a ajouté les 4e, 5e, 6e et 7e Chants de l'*Enfer*, écrits en vers latins par Dante lui-même, et publiés dans cette édition pour la première
fois.

SPALLART (ROBERT DE). TABLEAU HISTORIQUE des cos-
tumes, des mœurs et des usages des principaux peuples
de l'antiquité et du moyen âge, traduit de l'allemand
par MM. Jaubert et Breton. 7 vol. in-8., et 7 cahiers
de planches in-fol. oblong.   320   »

Cet ouvrage, publié il y a plusieurs années, et véritablement classique
dans son genre, est de nouveau offert en souscription. On peut s'en procurer le prospectus détaillé.

REVUE ENCYCLOPÉDIQUE, ou ANALYSE raisonnée des
productions les plus remarquables dans la Littérature,
les Sciences et les Arts. *Sixième année*, 1824.

Il paraît, à la fin de chaque mois, un cahier in-8 d'environ 15 feuilles.
Trois cahiers forment un volume. — Prix de la souscription : pour Paris, 46 fr. par an, 26 fr. pour six mois. — Pour les départemens, 55 fr.
par an, 50 fr. pour 6 mois. — Pour l'étranger, 60 fr. par an, 54 fr. pour
six mois.

MUSÉE ROYAL, ou RECUEIL de 161 GRAVURES d'après
les plus beaux tableaux, statues et bas-reliefs de la
Collection Royale, avec description des sujets, notices
littéraires et discours sur les arts, 2 vol. en 40 livraisons, grand in-folio, papier vélin. 1920   »
— Avec les gravures avant la lettre. 3840   »

Cette magnifique Collection, publiée par M. H. Laurent, et terminée
en 1825, se compose de 161 estampes gravées d'après les peintres les
plus célèbres de toutes les Écoles, par les meilleurs graveurs de l'Europe. Le texte, savamment rédigé par MM. Guizot, Visconti et comte
de Clarac, est imprimé avec luxe par M. Didot l'aîné.

LIVRES DE FONDS ET EN NOMBRE.

OEUVRES COMPLÈTES DE PIERRE CORNEILLE et Chefs-
d'œuvre de Thomas Corneille avec les commentaires
de Voltaire. Paris 1817, 12 vol. in-8. satinés, avec 26
gravures d'après Moreau et Prud'hon . . . . 108 »
— 12 volumes in-8. sans gravures. . . . . 72 »
— 12 volumes in-8. grand papier fin, avec les gravures
avant la lettre. 210 »
OEUVRES DE CRÉBILLON. Paris, 1818, 2 vol. in-8.
satinés, avec 10 gravures d'après Moreau. . . . . . . 18 »
—2 vol. in-8. sans gravures. . . . . 11 »
—2 vol. in-8., grand papier vélin d'Annonay, avec les
gravures avant la lettre. . . . . 42 »
OEUVRES COMPLÈTES DE GRESSET, suivies du Parrain
magnifique, poème posthume. Paris, 1811, 3 vol. in-8.
satinés, avec 9 gravures d'après Moreau. . . . . 22 ,
—3 vol. in-8., sans gravures. . . . . 12 »
—3 vol. in-8, pap. vél. satiné, avec les grav. avant la let 48 .
OEUVRES DE SALOMON GESSNER. 4 vol. in-8., papier
vélin satiné, avec 51 gravures d'après Moreau. . . . . 72 »
—4 vol. in-8., avec les 51 gravures avant la lettre. . . . 120 »
—Les mêmes. 4 vol. pet. in-8., sans gravures. . . . . . . 21 »
OEUVRES D'ANTOINE HAMILTON, avec la suite des Contes,
par M. le duc de Lévis. Paris, 1812, 4 vol. in-8. satinés,
avec 12 gravures et portraits. . . . . , ... 32 »
—4 vol. in-8., sans gravures. . . . . 20 .
—4 vol. in-8., pap. vél. satiné, avec les grav. avant la let. 64 ..
—5 volumes in-18. 8 50
OEUVRES DE LESAGE. Paris, 1821, 12 vol. in-8. satinés. 66 »
—12 vol. in-8., papier vélin satiné. . . . . 120 »
—12 vol. in-8., grand papier vélin satiné. . . . . 240 »
OEUVRES DE MASSILLON. Paris, 1810, 13 vol. in-8. satinés, portrait. 84 »
—13 vol. in-8., papier vélin satiné, portrait. . . . . . . 192 »
OEUVRES COMPLÈTES DE MADAME DE STAAL (mademoi-
selle Delaunay). Paris, 1821, 2 vol. in-8. satinés. . . . 13 50
—2 vol. in-8., papier vélin satiné. . . . . 25 »
OEUVRES COMPLÈTES DE FLORIAN. 16 vol. in-18, papier
fin, avec 31 figures. . . . . 24 .
—16 vol. in-18, papier fin satiné, avec 80 nouvelles gravures, d'après Moreau et Desenne. . . . . 50 .
—16 vol. in-12, papier fin satiné, avec les 80 gravures. . 70 :
—16 vol. in-12, papier vélin satiné, avec les 80 gravures. 96 .
On peut acquérir chacun des divers ouvrages séparément.
OEUVRES COMPLÈTES DE BERQUIN. 20 vol. in-18, avec
18 gravures. . . . . 25 »
—20 vol. in-18, avec 212 gravures. . . . . 48 ..
—17 vol. in-12, papier vélin, avec 212 gravures. . . . . 75 .
On peut acquérir chacun des divers ouvrages séparément.

	F.	C.
AZUNI. Droit maritime de l'Europe. 2 vol. in-8	12	»
BEAUJOUR (Félix). Tableau du commerce de la Grèce. 2 vol. in-8	7	»
—2 vol. in-8., papier vélin	12	»
BOSSUET. Oraisons funèbres, avec des notices. 2 vol. in-12, papier vélin, portrait	10	»
BUFFON. Morceaux choisis, ou Recueil de ce que ses écrits ont de plus parfait sous le rapport du style et de l'éloquence. 1 vol. in-18, avec 55 gravures en bois	2	25
—In-12, papier fin, figures et portrait	5	»
—In-12, papier vélin, figures et portrait	8	»
BURTIN (X. de). Traité théorique et pratique des connaissances qui sont nécessaires à tout amateur de tableaux. Bruxelles, 1808, 2 vol. grand in-8	15	»
CAMUS (A. G.). Histoire et procédés du polytypage et de la stéréotypie. In-8	2	»
CAYLUS (Madame de). Souvenirs. In-18, papier fin, avec 4 portraits	3	»
—In-12, papier fin, avec 4 portraits	4	50
—In-12, papier vélin satiné, avec 4 portraits	6	»
—In-12, papier vélin satiné, avec 13 portraits	12	»
CHAPTAL (le comte). De l'industrie française. Paris, 1819, 2 vol. in-8	12	»
CHASTELLUX (marquis de). De la Félicité publique, ou Considérations sur le sort des hommes dans les différentes époques de l'histoire; nouvelle édition, augmentée de notes inédites de Voltaire et d'une notice sur l'auteur, par M. Alfred de Chastellux, son fils. Paris, 1822, 2 vol. in-8. satinés	11	»
—2 vol. in-8., grand papier fin satiné	20	
CONDILLAC. Cours d'études pour l'instruction du prince de Parme (Parme, Bodoni, 1778). Deux-Ponts, 1782, 13 vol. grand in-8	96	»
Édition originale et non mutilée.		
CORMON. Dictionnaire français-italien et italien-français; 4° édition. 1823, 2 vol. in-8	18	»
DAPHNIS et CHLOÉ, traduit de Longus par Amyot. In-18, papier fin, portrait	1	50
—In-12, pap. fin, avec une gravure d'après Prud'hon	4	»
—In-12, pap. vélin satiné, avec les gravures	5	50
DELANDINE (A. F.) Notices sur les manuscrits de la bibliothèque de Lyon. Lyon, 1812, 3 vol. in-8	21	»
—Catalogue des livres de la bibliothèque de Lyon, Belles-Lettres et Histoire. 4 vol. in-8	28	»
—Bibliographie dramatique, ou Tablettes alphabétiques du théâtre des diverses nations. In-8	7	•
DAUNOU. Analyse des opinions sur l'origine de l'imprimerie. In-8	1	50

F. C.

DEMOUSTIER. Cours de morale, Poésies et Théatre.
  2 vol. in-8. . . . . 12 »
—5 vol. in-12 , pap. vélin satiné , portraits. . . . . . . 18 »
—5 vol. in-18. . . . . 6 50

DEMOUSTIER. Lettres a Emilie sur la mythologie.
  6 parties en 3 vol. in-18 , avec 6 gravures. . . . . . . 3 »
—6 vol. in-18 , avec 6 gravures de Moreau. 4 50
——avec 18 gravures de Moreau. . . . . 8 »
——avec 37 gravures de Moreau. . . . . 12 »
—6 vol. in-12 , avec 37 gravures. . . . . 21 »
—6 vol. in-8. satinés , avec 37 gravures. . . . . 25 »
—6 vol. in-8., papier vélin satiné, avec 37 gravures. . . . 50 »

DESCRIPTIONS pittoresques de jardins du gout le
  plus moderne; 2ᵉ édition. Leipzig , 1805 , 1 vol. in-4.,
  orné de 28 planches. . . . . 18 »

DROZ. Essai sur l'art d'être heureux. 3ᵉ édition, in-8. 4 50
—Etudes sur le beau dans les arts. In-8. . . . . 4 50

DUCLOS. Dictionnaire bibliographique, historique et
  critique des livres rares et curieux, etc., 4 vol. in-8. . 28 »

EXAMEN des principes les plus favorables aux progrès de l'agriculture, des manufactures et du commerce en France. 1815 , 2 vol. in-8. . . . . 12 »

FÉNÉLON. Aventures de Télémaque. 2 vol. in-12. . . 4 »
——2 vol. in-12 , avec 25 gravures, par Simonet , Coiny. 8 »

FILHOL. Galerie du musée royal de France. 10 vol.
  grand in-8., contenant 720 estampes, cartonnés . . . . 800 »

FLÉCHIER. Oraisons funèbres. 2 v. in-18, pap. de Holl. 5
—2 vol. in-12 , papier vélin , portrait. . . . . 10 »

FONTENELLE. Entretiens sur la pluralité des
  mondes. Petit in-8, pap. vél. portrait, cartonné. 6 50

FRANÇOIS DE NEUFCHATEAU. L'Institution des
  Enfans , ou Conseils d'un père à son fils , imités des
  vers latins de Muret, en cinq langues. In-12 cartonné. . 1 10
—Grand papier vélin , cartonné. . . . . 4 »

FRANKLIN. Opuscules en anglais et en français. Petit
  in-8., papier vélin , portrait . . . . 5 »

GALERIE des antiques du Musée, ou Esquisses des
  statues , bustes et bas-reliefs , fruit des conquêtes de
  l'armée d'Italie; par A. Legrand. Paris , 1803 , 1 vol.
  grand in-8., avec 95 planches, cartonné. . . . . 15 »

GALERIE historique des illustres Germains , depuis
  Arminius jusqu'à nos jours , avec leurs portraits , et
  des gravures représentant les traits principaux de leurs
  vies. Paris , 1806, in-fol. , papier vélin , avec 31 grav. . 100 »
—Grand in-fol., papier vélin . . . . 200 »

GAULT DE SAINT-GERMAIN. Guide des amateurs
  de tableaux pour les écoles allemande, flamande et
  hollandaise. Paris , 1818 , 2 vol. in-12. . . . . 7 »

                                                                    fr.   c.

GAULTIER. Cours d'études élémentaires pour les
  Enfans, comprenant la Lecture, l'Écriture, l'Arithmétique, la Géométrie, les Langues française, latine, ita-
  lienne, la Géographie, la Chronologie et l'Histoire,
  l'Art de penser et d'écrire, etc., etc., etc. 21 vol. in-18,
  6 vol. in-12, 8 cahiers in-fol., et plusieurs etuis, etc., etc.   60   »

HUMBOLDT (Alexandre de). Essai politique sur le
  Royaume de la Nouvelle-Espagne. 2 vol. grand
  in-4, avec un Atlas physique et géographique, gr. in-fol.   250   »

JOUY. Jeux de cartes instructives, savoir :

Lecture, — Géographie, — Chronologie, — Histoire sainte,
  — Nouveau Testament, — Mythologie, — Histoire
  ancienne, — Histoire romaine, — Histoire des Empe-
  reurs, — Histoire de France, — Histoire d'Angleterre,
  — Histoire des Animaux, — Musique; en tout 13 jeux.
  Prix de chacun, renfermé dans un étui.   2   »

JUSSIEU (L. P. de). Exposé analytique des méthodes de l'abbé Gaultier. Ouvrage destiné à faire
  connaître l'esprit et l'ensemble de ces méthodes, et à
  servir de guide aux parens et aux instituteurs qui en
  adoptent l'usage. Paris, 1822. 1 vol. in-8. avec tableaux.   4   50

LA BILLARDIERE. Relation du Voyage à la re-
  cherche de La Pérouse. 2 vol. in-4 et atlas in-fol. .   84   »

LA BRUYÈRE (Caractères de) et de Théophraste.
  Paris, 1818, 3 vol. in-18.   3   75
  —3 vol in-12, papier fin, portrait   8   »
  —3 vol. in-12, pap. vélin satiné, portrait   13   50

LA FONTAINE. Fables; 2 vol. in-12, avec 266 gravures.   7   50
  —2 vol. in-12, papier vélin.   15   »

LANDIÉ. Histoire morale de l'éloquence. 2e éd. in-8.   5   »

LA ROCHEFOUCAULD. Mémoires imprimés sur deux
  manuscrits corrigés de sa main, et augmentés d'une
  partie inédite. 2 vol. in-18 avec 8 portraits.   5   »
  —2 vol. in-12, papier fin, avec 8 portraits.   7   50
  —2 vol. in-12, pap. vél., avec les portraits avant la lettre.   12   »

LA SERNA SANTANDER. Dictionnaire bibliographique choisi du 15e siècle, ou Description des éditions les
  plus rares du 15e siècle, etc., 3 vol. gr. in-8.   24   »

LAVATER. Essai sur la Physiognomonie, destiné à
  faire connaître l'homme et à le faire aimer. La Haye,
  1781-1803. 4 vol. grand in-4, figures.   250   »
  —Le tome 4 séparément.   60   »

LAVATER. Règles physionomiques, ou Observations
  sur quelques traits caractéristiques. La Haye, 1803,
  grand in-4., figures.   15   »

LEGOUVE. Le Mérite des Femmes, et autres poésies;
  in-12, papier vélin satiné, avec 4 gravures.   6   »
  —Le Mérite des femmes. In-36, pap. vélin avec une
  gravure.   2   »
  —In-36, pap. vél. rose.   4   »

En des petits caractères dits nonpareille.

F.   C.

F. C.

MOREAU. Histoire de France représentée en 167 gravures, avec le texte au bas de chaque gravure, et précédée d'un Discours historique, etc. in-4. cart. . . . 22 »

PASCAL. Lettres provinciales. 2 vol. in-18. . . . . . 3 »
—2 vol. in-12, pap. fin. 6 50
— 2 vol. in-12, pap. vélin satiné. . . . . 10 »

PASCAL. Pensées. 2 vol. in-18. . . . . 3 »
— 2 vol. in-12, papier fin, portrait. 7 50
—2 vol. in-12, papier vélin satiné, portrait. . . . . . . 10 »

PAUSANIAS. Description de la Grèce, trad. nouv. avec le texte grec, par Clavier. 7 vol. in-8., gr. papier vélin satiné. . . . . 168 »

PEIGNOT (G.). Répertoire bibliographique universel. In-8. 7 50
— Dictionnaire raisonné de bibliologie. 3 vol. in-8. . . 18 »
—Variétés, Notices et Raretés bibliographiques. In-8. 4 »
— Précis historique et analytique des Pragmatiques, Concordats, etc., etc., relatifs a la discipline de l'Église en France depuis saint Louis. In-8. . . . . 2 50
— Essai chronologique sur les hivers rigoureux depuis 396 ans avant J.-C. jusqu'en 1820, etc., etc. In-8. . 3 75
——In-8., grand papier. . . . . 7 »

PÉRÉFIXE. Histoire de Henri-le-Grand. In-8. satiné, portrait. . . . . 8 »
—In-8., grand papier fin satiné, portrait. 13 50

PLANTES grasses, dessinées par Redouté, et décrites par Decandolle. 28 livraisons in-4., papier vélin, figures coloriées. Chaque livraison. . . . . 12 »
— 28 livraisons gr. in-fol., papier vélin, figures coloriées. Chaque livraison. . . . . 30 »

PLINE. Histoire naturelle des animaux, trad. nouv. avec le texte en regard par Guéroult. 3 vol. in-8. . . . 15 »

POUSSIN (vie de), suivie de notes inédites sur sa vie et ses ouvrages, de la description de ses principaux tableaux, et du catalogue de ses œuvres. 1 vol. grand in-8. avec 37 gravures, cartonné. . . . . 36 »
—Grand in-8. avec les grav. avant la lettre. . . . . . . 48 »

PRINCIPES de caricatures, suivis d'un Essai sur la peinture comique, par Grose ; traduit en français, avec des augmentations. 1 vol. gr. in-8., avec 29 grav., cart. 15 »

REMARQUES morales, philosophiques et grammaticales sur le Dictionnaire de l'Académie française In-8. 6 »

RÉMUSAT (Abel). Le livre des récompenses et des peines, trad. du chinois, avec des notes et éclaircissemens. In-8 . . . .

RENOUARD (A. A.). Catalogue de la bibliothèque d'un amateur, avec notes bibliographiques, critiques et littéraires. Paris, 1819, 4 vol. in-8. satinés. . 33 »

RENOUARD (A.-Ch.). Élémens de morale ; 4e édition. In-12. . . . . 2 25

r. c.

LIVRES GRECS, LATINS, etc.

APULEII Metamorphoseon libri XI. *Paris*, 1796, 3 vol. in-18, papier vélin. . . . . 9 »

AUDOENI Epigrammata. *Paris*, 1794, 2 vol. in-12, gr. pap. vélin. . . . . 20 »

BIBLIOTHECA classica latina, edente N. E. Lemaire. *Paris*, 1819-1824, grand in-8. . . . .

    Il paraîtra 58 volumes de cette belle et savante Collection; un Prospectus détaillé indique que les différens prix.

CARMINA latina. *Paris*, 1795, in-12, papier vélin. . . . 6 »

    In-12, grand papier vélin. . . . . 10 »

CICERO. De Officiis, de Senectute, de Amicitia, etc. *Paris*, 1796, in-4., papier vélin, portrait. . . . . 42 »

CICERO de Senectute, de Amicitia, Paradoxa. *Paris*, 1796, 2 vol. in-18, papier vélin, portrait. . . . . 5 »

CICERO in Catilinam, etc. *Paris*, 1795, in-18, papier vélin, portrait. . . . . 4 »

CORNELIUS NEPOS. *Paris*, 1796, 2 vol. in-18, pap. vél. 6 »

    2 vol. in-12, grand papier vélin. . . . . 15 »

EURIPIDIS Opera. *Glascow*, 1821, 9 vol. in-8., pap. vél. 280 »

    9 vol. in-8., grand papier vélin. . . . . 480 »

EUTROPII S.-Sexti Rufi. 1796, in-18., pap. de Hol. 5 »

FAERNI Fabulæ. *Parme*, *Bodoni*, 1793, in-4., avec 50 gr. 24 »

GROTII Anthologia græca, cum versione latina, ed. ab H. de Bosch. *Utrecht*, 1795-1822, 5 vol. in-4., pap. de Hol. 135 »

    5 vol. in-4., grand papier. . . . . 250 »

    5 vol. in-fol. . . . . 420 »

    5 vol. in-fol. grand papier. . . . . 600 »

HOMERI Opera omnia, gr.-lat., edente Ernesti. *Glascow*, 1814, 5 vol. in-8., papier vélin. . . . . 135 »

    5 vol. in-8., grand papier vélin. . . . . 240 »

HORATIUS, cum scholiis J. Bond. *Paris*, 1806, in-8. . . 7 50

    In-8., grand papier. . . . . 12 »

    In-8., grand papier vélin. . . . . 24 »

LUCANI Pharsalia, ed. A. A. Renouard. *Paris*, *Didot*, 1795, in-fol. . . . . 80 »

    In-fol., grand papier. . . . . 300 »

MENINSKI (Fr. a Mesgnien). Lexicum arabico-persico-turcicum. *Vienne*, 1780, 4 vol. in-fol. papier collé. 255 »

    4 vol. in-fol., grand papier. . . . . 350 »

NUMISMATA aurea regis christianissimi, a Comite de Caylus incisa. In-4., avec 70 planches. . . . . 42 »

    Petit in-fol. . . . . 72 »

PETRONII Satyricon, *Paris*, 1797, 2 vol. in-18, pap. vél. 6 »

PHÆDRI Fabulæ novæ duo et triginta, ex codice Perottino. *Paris*, 1812, in-12, papier vélin. 1 50

	f.	c.
PLINII PANEGYRICUS. *Paris*, 1796, in-18, papier vélin. .	3	»
POTHIER. PANDECTÆ JUSTINIANEÆ; editio quarta. *Paris*, 1819, 3 vol. in-fol.	120	»
—3 vol. in-fol., papier vélin.	240	»
SALLUSTIUS. *Paris*, 1795, 2 vol. in-18, pap. vél., portr.	8	»
SELECTI E SACRIS SCRIPTURIS VERSICULI, ad usum studiosæ juventutis. *Paris*, 1808, 2 tomes en 1 vol. in-12. .	3	»
TERENTII COMŒDIÆ, ed. Brunck. *Bâle*, 1797, in-4., p. vél.	25	»
VIRGILIUS HEYNII. *Leipzig*, 1800, 6 v. in-8., avec 204 gr.	150	»

<hr>

LIVRES ITALIENS ET ANGLAIS.

	f.	c.
BOCCACCIO. IL DECAMERONE. *Florence*, 1820, in-24, papier vélin, figures, cartonné.	11	»
—IL FILOSTRATO, poema. *Paris*, 1789, in-8.	3	»
CORNAZANO (ANTONIO). PROVERBII. *Paris*, 1812, in-12, papier vélin.	10	»
CRUDELI (TOMASSO). RIME E PROSE. *Paris*, 1805, in-12, port.	4	50
DAFNI e CLOE, trad. da A. Caro. — ABROCOME e ANZIA, trad. da Salvini. *Paris*, 1800, 2 vol. in-18.	2	»
—2 vol. in-18, pap. vél., avec 2 grav. d'après Prud'hon. .	4	50
—2 vol. in-12, papier fin, avec les 2 gravures.	5	»
—2 vol. in-12, papier vélin, avec les 2 gravures.	9	»
DIBDIN (REV. T. F.). THE LIBRARY COMPANION; or, the young man's Guide and the old man's comfort, in the choice of a library. *Londres*, 1824, 1 très gros vol. in-8.	40	»
GAY'S AND MOORE'S FABLES. *Paris*, 1802, 2 vol. in-12, papier vélin satiné.	5	»
GOLDSMITH. THE VICAR OF WAKEFIELD. *Paris*, 1800, in-12, papier vélin satiné, figures.	5	50
LEGOUVÉ. IL MERTO DELLE DONNE E ALTRE POESIE, trad. da L. Balochi. *Paris*, 1802, in-18, papier vélin. .	2	50
—In-12, papier vélin, avec 3 gravures.	3	50
METASTASIO. OPERE. *Paris*, 1782, 12 vol. grand in-8., avec 38 gravures de Bartolozzi et autres.	120	»
—12 vol. in-4., papier de Hollande, avec les gravures. . .	200	»
POEMETTI DIVERSI: Ero et Leandro. — Tirteo. — Teti e Peleo, etc., etc. *Paris*, 1801, in-12, figures.	2	50
—In-12, papier vélin, figures.	4	25
STERNE'S SENTIMENTAL JOURNEY. *Paris*, 1802, in-12, papier vélin satiné, figures.	7	50
TASSO, AMINTA. In-18, papier fin, portrait.	1	»
—In-18, papier vélin, avec une gravure d'après Prud'hon.	2	50
—In-12, papier fin, figures.	2	50
—In-12, papier vélin satiné, figures.	4	50
TASSO, AMINTA. *Parme, Bodoni*, 1789, grand in-4.	24	»
VERRI (PIETRO). OPERE FILOSOFICHE. *Paris*, 1784, grand in-8., papier d'Annonay.	15	»

Collections de Gravures

PROPRES A ORNER LES ÉDITIONS MODERNES.

OUVRAGES EN COMMISSION.

BALLANCHE. Essai sur les institutions sociales. *Paris*, 1818, in-8 6

— Antigone. *Paris*, 1814, in-8. 6

— La même. *Paris*, 1819, 1 vol. in-8. avec 6 figures. . . 10

BARBERINO. Del reggimento e de' costumi delle Donne. *Rome*, 1815, grand in-8., portrait 35

BELIN DE BALLU. Histoire critique de l'Éloquence chez les Grecs. *Paris*, 1813, 2 vol. in-8 . . . . .

BOURBONS martyrs (les), ou les Augustes Victimes. *Paris*, 1821, in-8. 5

— Le même ouvrage, avec 7 portraits. 12

CICOGNARA. Storia della scultura dal suo risorgimento in Italia sino al secolo XIX, per servire di continuazione alle opere di Winkelmann e di D'Agincourt. *Venise*, 1813-1818, 3 vol. in-fol., figures. . . 250

CORANCEZ. Itinéraire d'une partie peu connue de l'Asie mineure. *Paris*, 1816, in-8. avec cartes. . . . 7 50

DALIGNY. Règles du droit anglais, ou Analyse de Blackstone. In-8. . . . . 2 50

DICAEARCHI, Hannonis et Nicephori Opuscula geographica, cum notis Holstenii, edente Manzi. *Rome*, 1819, in-4. 15

DUGAS-MONTBEL. L'Iliade traduite en français. *Paris*, 1815, 2 vol. in-8. . . . . 12 »

— L'Odyssée et petits poëmes d'Homère trad. en français. *Paris*, 1818, 2 vol. in-8. . . . . 12 »

DUTENS. Mémoires d'un voyageur qui se repose. *Paris*, 1806, 3 vol. in-8. 15

EMERIC DAVID. Recherches sur l'art statuaire. *Paris*, 1805, in-8. 6

ESSAI Bibliographique sur les éditions des Elzeviers. *Paris*, 1822, in-8. 6

FUSS. Antiquitates romanæ. *Liége*, 1820, in-8. 6

JACQUELIN. Le sang des Bourbons, galerie historique des Rois et Princes de cette Maison, depuis Henri IV jusqu'à nos jours. *Paris*, 1819, 2 vol. in-4. ornés de 22 portraits gravés par Roger. 60

— 2 vol. in-4., papier vélin, avec les portraits avant la lettre. 120

HAMILTON (Lady Mary). La famille de Popoli; *seconde édition. Paris*, 1811, 2 vol. in-12 4

— Auguste et Jules de Popoli. *Paris*, 1812, 2 vol. in-12. . . . . 4 »

— Le village de Munster. *Paris*, 1811, 2 vol. in-12. 4

<table>
<tr><td></td><td>F.</td><td>C.</td></tr>
<tr><td>IMITATION DE J.-C. ; traduction nouvelle en vers français. Paris, 1818, in-8</td><td>6</td><td>»</td></tr>
<tr><td>— In-8. avec 5 gravures, satiné</td><td>13</td><td>5o</td></tr>
<tr><td>LECLERC. Éponine et Sabinus. Liége, 1817, in-8</td><td>6</td><td>5o</td></tr>
<tr><td>LESCHEVIN. Voyage à Genève et à Chamouny. Dijon, 1812, in-12</td><td>3</td><td>5o</td></tr>
<tr><td>— In-8</td><td>4</td><td>25</td></tr>
<tr><td>MANZI. Discorso sopra gli spettacoli degl' Italiani nel secolo XIV. Rome, 1818, in-8., figures</td><td>4</td><td>»</td></tr>
<tr><td>MARCHANT. Manuel de l'observateur en médecine. Paris, 1802, in-18</td><td>4</td><td>»</td></tr>
<tr><td>PEIGNOT. Abrégé de l'histoire de France. Dijon, 1819, 1 vol. in-8., portraits</td><td>7</td><td>»</td></tr>
<tr><td>Les remords de Florinde, poëme. Paris, 1823, 1 vol. in-8</td><td>3</td><td>75</td></tr>
<tr><td>SEREL DESFORGES. Influence de l'instruction élémentaire du peuple. Paris, 1820, in-8</td><td>1</td><td>5o</td></tr>
<tr><td>TOCHON D'ANNECY. Recherches historiques et géographiques sur les médailles des Nomes ou Préfectures d'Égypte. Paris, 1822, 1 vol. in-4. avec fig.</td><td>24</td><td>»</td></tr>
<tr><td>— Dissertation sur l'époque de la mort d'Antiochus Évergètes. Paris, 1816, in-4., figures</td><td>3</td><td>5o</td></tr>
<tr><td>— Médaille de Philippe-Marie Visconti. Paris, 1816, in-4., figures</td><td>3</td><td>»</td></tr>
<tr><td>— Cachets antiques des médecins oculistes. Paris, 1816, in-4., figures</td><td>3</td><td>5o</td></tr>
<tr><td>— Médailles de Marinus et Jotapianus. Paris, 1817, in-4., figures</td><td>3</td><td>5o</td></tr>
<tr><td>TRATTATO della pittura di Lionardo da Vinci. Rome, 1817, 2 vol. grand in-4., figures</td><td>36</td><td>»</td></tr>
<tr><td>VIAGGIO di Frescobaldi in Egitto. Rome, 1818, grand in-8., papier vélin</td><td>5</td><td>.</td></tr>
<tr><td>WYTTENBACH (Madame). Histoire de ma petite chienne Hermione. Paris, 1820, in-12</td><td>1</td><td>8o</td></tr>
</table>

CATULLUS, Tibullus et Propertius, 1 vol. 7 fr. 5o c. — Cicero de Officiis, de Senectute et de Amicitia, 1 v. 6 fr. 5o c. — Horatius 1 vol. 7 fr. 5o c. — Terentius, 1 vol. 7 fr. 5o c. — Virgilius 1 vol. 10 fr. — Dante, la Divina Commedia, 2 vol. 12 fr. 5o c. — Tasso, la Gerusalemme liberata, 2 vol., 12 fr. 5o c. — Petrarca, 1 vol. 7 fr. 5o. c.

Cette Collection publiée à Londres, de 1821 à 1824, se compose de dix volumes format in-48, élégamment et soigneusement imprimés en très petits caractères.

SEPTEMBRE 1824.

IMPRIMÉ CHEZ PAUL RENOUARD, rue de l'Hirondelle, n° 15.

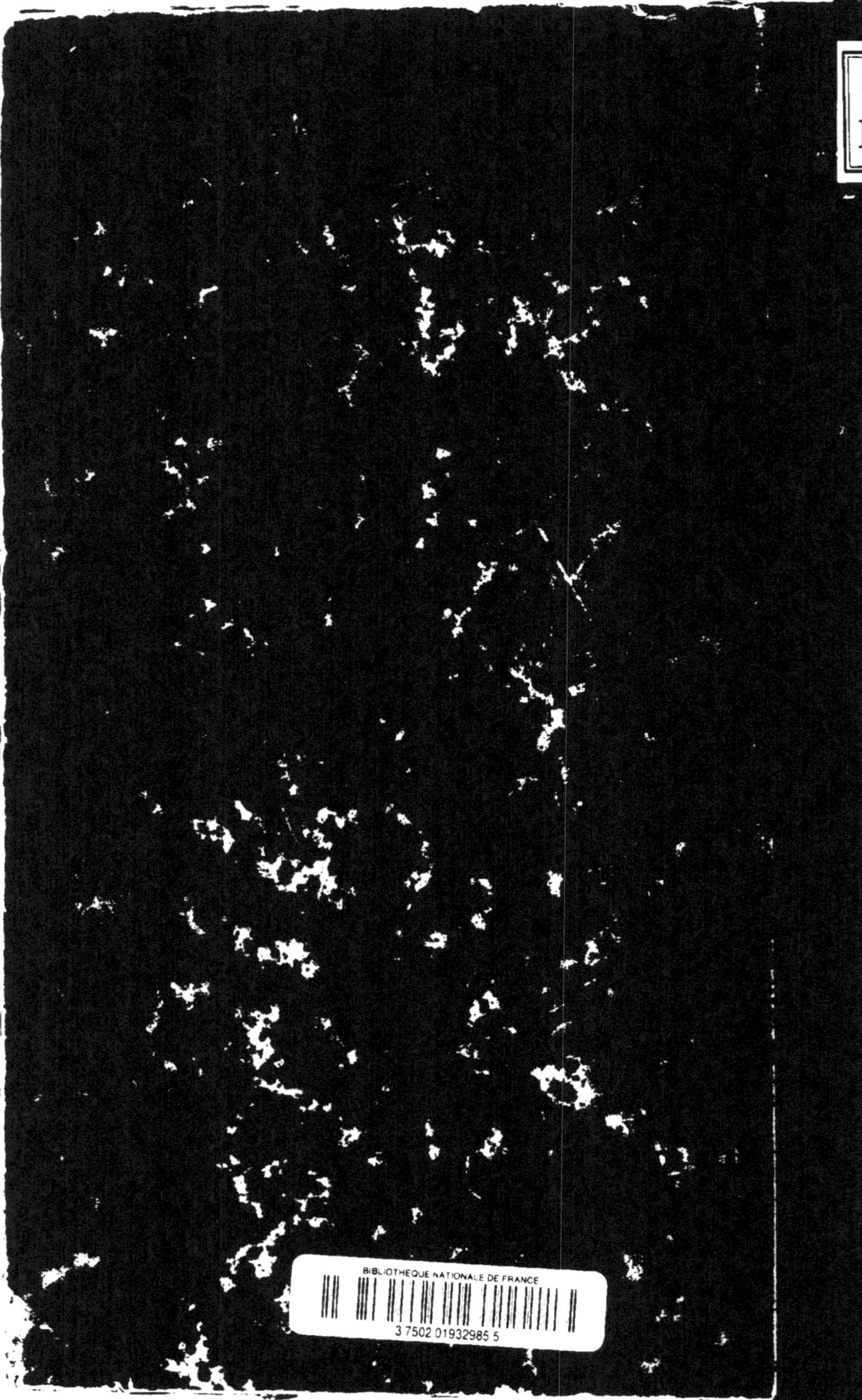